下山晴彦 (編)

下山晴彦

林　直樹

伊藤絵美

田中ひな子

岡野憲一郎

吉村由未

津田容子 著

事例検討会で学ぶケース・フォーミュレーション

新たな心理支援の発展に向けて

遠見書房

はじめに

　日本では 2015 年に公認心理師法が成立し，2017 年より公認心理師制度がスタートしました。これは，日本の心理支援にとっては，非常に大きな出来事でした。日本の心理支援の歴史においては，長いことフロイトやユングといった個人開業の心理療法が理想モデルとなっていました。その意味で日本の心理職の活動は，「プライベイト・プラクティス」を理想として発展してきました。しかし，それだけでは，深刻な問題を抱えた日本社会のメンタルヘルスに対処できなくなっていました。世界のメンタルヘルス対策が医学モデルから生活支援モデルへの転換を進め，コミュニティケアを充実させていたのに対して，日本のメンタルヘルス対策はそれができていなかったからでした。

　そこで公認心理師制度が導入されたわけです。その結果，心理支援は，社会的な公共サービスとして発展する方向に移行することとなりました。つまり，日本の心理職の活動は，「プライベイト・プラクティス」モデルから「パブリックサービス」モデルに向けて大きな質的転換を求められるようになったのです。本書は，このような移行期において心理支援の新たな発展を目指して開催した「大事例検討会」の記録を書籍化したものです。

　この事例検討会は，心理職の会員組織「臨床心理 iNEXT」（https://cpnext.pro）が企画したものです。企画目標としては，日本において醸成されてきた心理療法の文化を社会的公共サービスとしての心理支援に引き継ぎ，発展していくことでした。そのような発展のキーワードとなるのが「ケース・フォーミュレーション」です。そのために次の 3 点を課題としました。

　①旧式の心理療法モデルでは，それぞれの学派の維持が優先されます。学派内の重鎮の"心理療法家"が若い人を指導するヒエラルキーが存

在し，それが学派の秩序を維持する役割を担っていました。初心者が担当事例を発表し，ベテランがコメントをする権威構造ができ上がっていたのです。そのようなベテランが権威にあぐらをかいている上下構造があると，専門性の進化発展は起きません。ベテランこそが経験を踏まえて，先頭を切って専門性の発展にチャレンジしていくことが求められています。そこで，ベテランが自験例を発表し，若手がコメントする事例検討会を企画しました。

②心理療法の学派は，派閥ごとの単位でまとまる傾向があります。これは，精神分析学派などに限らず，行動療法や認知行動療法でも同じです。その結果，心理支援の総合的な学問体系である臨床心理学の発展が阻害されるだけでなく，派閥間で分断が生じ，心理職の使命（ミッション）である社会貢献の視点が見失われます。日本で心理職の職能団体の分裂が起きているのもこのような事情からです。そこで，さまざまな学派のセラピストが一堂に会して，学派や職種の分断を超えて事例を検討することを通して，心理支援やメンタルケアの専門性の発展を目指すこととしました。

③医療における診断は，問題を一般的な疾病分類に嵌め込むことです。それに対してケース・フォーミュレーションは，あくまでも問題の成り立ちを個別に理解していくことです。医学的診断では一般的枠組みへの分類が重視されるのに対して，ケース・フォーミュレーションでは，あくまでも個別事例の現実に即して問題理解を深めるという点で個別性や具体性，創造性が重視されます。その点でケース・フォーミュレーションは，医学モデルの限界を超え，心理職と医療職といった職種の分断も超えて，個別事例に即した問題の理解と支援のサービスを組み立てていくための“装置”として重要な役割を持っています。診断分類ではなく，個別事例の現実に沿った問題理解という点で，生活場面において心理支援のユーザーに寄り添った活動が可能となります。そこで，事例検討会では，精神科医の先生方にもご参加をいただき，ケース・フォーミュレーションを軸とする事例理解を検討することを目指しました。

　このように心理療法の派閥やヒエラルキーの発想を超え，医学モデルの限界を超えて心理支援やメンタルケアの発展を目指した事例検討を企画しました。そのため，さまざまな年代の心理職や精神科医がメンバーとして参加する事例検討会とし，比較的ベテランが事例発表をするものとしました。また，事例検討では，あくまでも心理支援のユーザーに寄り添って問題を個別具体的に理解し，支援することを重視することにしました。

　そこで，事例検討会のメインテーマとして，「ケース・フォーミュレーションを学ぶ」ことを掲げました。発表事例にはケース・フォーミュレーションが明示されていない場合もありますが，そこではケース・フォーミュレーションの不在を介して，逆にケース・フォーミュレーションの意味や役割を検討することを目指しました。本書のタイトルが，『事例検討会で学ぶケース・フォーミュレーション』となっているのは，このような理由からです。

　なお，臨床心理士，公認心理師，心理職関連の大学院生の方であれば，本書制作のベースとなった事例検討会の動画記録を，映像教材として視聴できるシステムが臨床心理 iNEXT によって提供されています。その映像教材を視聴することで，本書の内容をより深く理解できるとともに，「事例検討会」と「ケース・フォーミュレーション」の最前線を知ることができます。視聴するための条件と手続きは，本書巻末の奥付に記載されているのでご確認ください。

　2023 年 8 月

　　　　　　　　　　　　　　　　　　　下山晴彦

事例検討会の参加メンバーの紹介

　今回の事例検討会に参加したメンバーをご紹介します（臨床心理マガジン iNEXT24-2 より転載。https://note.com/inext/n/na010269a2f4b）。

事例発表者の紹介

【下山晴彦】

　大学院を中退し，大学内の学生相談機関と保健センターで約 13 年，常勤の心理相談員として勤務した。その後，大学の臨床心理学教員となった。その間，入院病棟のある精神科クリニックや銀行の相談センターで非常勤心理職として仕事をした後，現在は開業の心理相談センターにて臨床実践をしている。大学院ではクライエント中心療法，学生相談の時代は近藤章久先生に精神分析的心理療法，平木典子先生に家族療法やグループ療法，山本和郎先生にコミュニティ心理学などを学んだ。その後，英国における臨床心理学教育やメンタルケアに参加し，その経験から認知行動療法の有効性と重要性に気づいた。そこで，山上敏子先生に行動療法を学び，それを基盤とする認知行動療法を実践するようになった。現在は，認知行動療法を軸としてさまざまな技法を用いた心理支援を実施している。臨床テーマは，個人と，その人が生きている生活環境をつないで支援する"つなぎモデル"の実践である。臨床歴は，現場で実践をはじめて 40 年ほどになります。時間だけが疾く過ぎて行くことを感じる今日この頃です。

【林　直樹】

　医学部を卒業して 40 余年，ずっと精神科臨床に軸足をおいてやってきました。いろいろ勉強してきたつもりですが，診療に専心したいということで，系統的に特定学派の心理療法の訓練を受けることを怠ってきました。ささやかな例外は，5 年間やっていた T グループでしょうか。これは日常の診療（多職種協働など）の土台の一つになっていると思います。また，安永浩先生とハインツ・コフート先生には（畏れ多いですが）心の中に居ていただいて（いるつもりで）います。雑多な患者を対象とする一般診療では，心理療法を特定の学派のものに限定して

いたらやっていけません。そこで私は，なんでも役に立ちそうな方法を使うという意味での統合的立場，そして多様な診療情報を総合して治療プランを作るという意味でのケース・フォーミュレーションを診療の柱にしています。

【伊藤絵美】

　私は慶應義塾大学の心理学専攻卒業で，学部時代は基礎心理学を学び，認知心理学のゼミ（指導教官：小谷津孝明先生）に所属していました。基礎心理学なので徹底的に科学的な心理学の方法論を叩きこまれ，心理学実験のレポートに追われる日々でした。心理学を職業にするには，当時できて間もない「臨床心理士」という資格があることを知り，大学院では同じ慶應ながら臨床系のゼミ（指導教官：山本和郎先生）に移りました。その際，小谷津先生に「学部で学んだ科学的な認知心理学を臨床に活かすには，エビデンス・ベーストの認知療法・認知行動療法を学ぶとよい」とアドバイスをもらい，これが私のキャリアを決定づけました。修士を終了し，博士課程に進む時期に精神科のクリニックに心理士として入職し，長く個人カウンセリングや家族相談やデイケアの運営に携わっていました。その後，民間企業に勤めた後，2004年に開業し（洗足ストレスコーピング・サポートオフィス），今に至ります。認知療法・認知行動療法を長く実践してきましたが，現在は，その発展型であるスキーマ療法の実践と普及に力を入れています。

【田中ひな子】

　立教大学大学院社会学研究科修了後，教育相談室と嗜癖問題臨床研究所附属CIAP原宿相談室を経て，1995年より原宿カウンセリングセンターに勤務しています。大学院では早坂泰次郎先生から現象学的心理学，佐藤悦子先生から家族療法を学びました。就職してからは信田さよ子先生からアディクション・アプローチ，白木孝二先生から解決志向アプローチを学びました。現在は「ニードに応える」，「効果的なことを見つける」，「効果的なことを続ける」をモットーに，解決志向アプローチ，ナラティヴ・セラピー，コラボレイティヴ・アプローチなど社会構成主義に基づく心理療法，心理教育やグループを重視するアディクション・アプローチ，EMDRやブレインスポッティングなど身体志向のアプローチを活用しています。

コメントメンバーの紹介

【岡野憲一郎】

　私は1987年精神分析家になることを志して渡米し，2004年にその資格を取得して帰国した。しかし伝統的な精神分析の考え方には違和感を覚えることも多

く，コフート理論や新しい学際的な流れ（米国における関係精神分析，など）により親和性を感じている。また私は精神科医でもあるので，精神分析と精神医学と脳科学との融合を図ろうとする米国の Glenn Gabbard のような姿勢が精神分析や精神療法の将来のあるべき姿を示していると考える。ただし精神分析にこだわるつもりはない。クライエントにとっての利益が最大の優先事項であり，そのニーズに即した治療を提供する多元的，ないし統合的なアプローチについては大枠として賛成であり，よく言えば柔軟で，悪く言えば「何でもあり」な治療スタイルにより心地よさを感じつつ臨床を行っている。

【吉村由未】

　学生時代は藤山直樹先生に師事し，フロイトを中心に精神分析全般について学んでいました。今回の事例検討会のテーマにもつながりますが，精神分析理論の持つ「見立てる力」は力強く，今も指針にしているところも大きいです。が，いざ自分が臨床実践を志すにあたって，精神分析は神業というか（藤山先生が，なのかもしれませんが），正直「少なくとも今の私には到底同じことはできない」，と思い，他の心理療法を模索し始めました。その後諸事＆縁あって，2005 年から伊藤絵美先生のオフィスのスタッフとして認知行動療法を学び始め，現在はスキーマ療法の実践にも励んでいます。児相の心理司からキャリアを始め，今はフリーランスとして子ども家庭支援センター，学生相談，医療機関など，さまざまな世代を対象に心理臨床に携わっています。

【津田容子】

　東京大学大学院教育学研究科臨床心理学コース修士課程在学中の 2010 年より，公共の就労支援機関（よこはま若者サポートステーション）にて勤務している。就労における困難の背景には，不登校やいじめ，中退といった学校での躓き，虐待，非行，家族の問題，経済的困窮，ひきこもり（社会的孤立）などさまざまな問題が存在する。通院や診断の有無を問わず，障害・疾患を抱える人も少なくない。そうした現場において，個別相談を軸に，プログラム実施，地域の社会資源との連携など，心理支援に限らず，キャリア，福祉の視点も含む，ケースワークに近い取り組みを行っている。上記と並行して，精神科クリニックでのカウンセリング（約 4 年）と現在は同大学院の博士課程にも在籍し，現場での支援，就労支援サービスの質の向上にむけ，実践と研究の両立を図っている。

目　次

事例検討会で学ぶ
ケース・フォーミュレーション

第1章

パワハラを受け，加害強迫を呈したケース

ケース・フォーミュレーションの活用をめぐって

下山晴彦

I　基本情報

【来談】X年3月

【相談施設】都内の開業心理相談センター

【クライエント：A様】男性，役所（中央官庁＊）勤務。当時，44歳，3回目の休職中

＊クライエントA様御本人が中央官庁であることを敢えて記載してほしいとのことであったので記載した。

【家族】本人，妻（43歳，会社員），長女（中学生），次女（小学生）の4人家族

　治療中の心療内科からZ大学への紹介状を持ってこられました。心療内科は，「Z大学で，強迫症の治療で認知行動療法（以下CBT）を実施してほしい」とのことで紹介状を書いていました。ところが，当時Z大学ではCBTを実施しておらず，ご本人がHPで探して私の勤務先に来られたという経過です。診断としては強迫症とうつ病です。

　経過に関しては，X−11年4月に仕事上のストレスから，33歳のときにうつ病発症。X−10年12月に休職，そしてX−9年3月に治癒して復職。その後，X−5年に強迫症状が認められ4カ月休職して復帰。X−1年2月に不眠再発。さらに「自分が何かしたのではないか」，「誰かを傷つ

けたのではないか」との強迫観念が出はじめ，それが強迫症状として強く
なり，X − 1 年 12 月に休職。不安が強く復職できない状態が続いていまし
た。そのような症歴が記載された紹介状がありました。薬物はフルボキサ
ミン（セロトニン再取り込み阻害薬）（25 mg）　2T ／ 2×，アルプラゾラ
ム（抗不安薬）（0.4 mg）　1T ／ 1×，ゾルピデム（睡眠導入薬）（5 mg）
　2T ／ 2×，リスペリドン（1 mg）　2T ／ 2×，リスペリドン内容液（頓
服）が処方されていました。

　我々の相談センターにやって来たときの申し込みには，主訴として以下
のことが書かれていました。

・戸締まり，忘れ物，メール誤送信等，常に確認を行わずにはいられな
　い。
・うつの診断で自宅療養が始まった。しかし 1 カ月後に「加害への不安」
　が生じた。
・道ですれ違う人の顔をみると危害を加える想念が映像のように浮かぶ。
・自分が実際に危害を加えていなかったかが心配になり，していないと
　何度も自分に言い聞かせるが，実際その場所を訪れて確かめることを
　繰り返している。
・恐ろしい想念が頭の中を去来するため立っていられず，夜は早い時間
　に寝込む。

以下は，初回面接で加害想念について具体的にたずねたやりとりです。

ケース初回面接 ［X 年 3 月 26 日］

私（Th）　どのような加害想念がありますか？
A　歩いてくる女の子を橋の上から投げ下ろす想念があります。ペット
　ボトルで叩くのではないか。電車の駅で，ドア前にいた女の子を電車
　の隙間に突き落としたのではないか。子どもがトイレで殺されていた
　話を知って，自分がやったのではないかと不安になりました。
私　そういうことを人に話すことはありますか？
A　妻には訴えました。『「自分が突き落とした女の子がいるか」を駅員
　に聞きに行こうと思う』と妻に言ったところ，妻に「必要ない」と言

われてとどまりました。救急車やパトカーの音がすると，「自分が関わっているのではないか」，「テレビニュースも自分が関係しているのではないか」となります。加害想念が出てきて，逆にうつ病はなくなっていきました。

私　自分を傷つける考えはありますか？

Ａ　先行きが見えないのでマンションから飛び降りることは考えます。

私　以前のうつのときに死にたい気持ちはどうでしたか？

Ａ　以前はありましたが，うつが良くなってきたので消えました。ただ，今の症状が続くので死はよぎります。

私　うつと関連して睡眠はどうですか？

Ａ　ゾルピデムで寝付きますが，断眠があり明け方まで寝た感じがしないので昼まで寝ています。夜 7 時には妻が帰宅します。夜に加害想念が出てきて，やっていないことを確認します。もう苦しくて起きていられません。

　仕事について聞くと，利害関係のある関連部署との難しい交渉を担当している，仕事量が多く残業も多いとのことでした。それに加えて前回の復職後にパワハラ上司の部署に異動し，パワハラが継続していたことがわかりました。このパワハラについては紹介状には記載がありませんでした。パワハラ上司に関連する状況についても詳しく尋ねると，その人の周囲では，何人も被害者が出ているとのことでした。

　いろいろ聞きながら，強迫症（以下 OCD）には強迫観念と強迫行為があるという心理教育をして，加害想念に対処する行動についても聞きました。

Ａ　自分には，自分が加害をしたのではないかと考え，その現場を見に行きたい衝動があり，何回も見に行ったことがあります。自分としては我慢するのが怖い，難しいのでどうしたらよいかを教えてほしいです。

　OCD もうつも典型的ではなかったため，むしろパワハラによる心的外傷後ストレス障害（以下 PTSD）の可能性があると考え，上司にパワハラ

被害を受ける前はどうだったかを聞きました。

> A　以前は調子が良かった。パワハラの上司がいた職場に異動してから
> 　　症状が起きました。

　私が「まずは日常生活できるようになることを目標にサポートさせてい
ただきます。そのために後日奥様にも会いたいと思っている」と伝えると，
Aさんからは,「よいです」という返事でした。紹介状には記載のなかった
パワハラについても確認することができました。実は3回目の休職後，少
ししてからパワハラをする上司の下に異動しており，そこで不眠が再発し
ています。その後，うつ状態となって休職したあとに加害想念がでてきた
ということでした。
　このように初回面接のアセスメントによって，主訴となっている問題の
発端にはパワハラが関わっていることが示唆されました。

Ⅱ　第1期　ケース・フォーミュレーションと　　　介入方針の合意

第2回［4月7日］

　Aさんからは「加害をしたのではと毎日想起してしまいます。我慢しよ
うとしてもうずくまってしまいます。刃物を持ち出したのではないかと心
配で家の包丁を調べてしまいます。報道を全部チェックし，自分が何か関
係していないか調べます。一つあるとほかの物が気になります」というこ
とでした。

> 私　Aさんの強迫の特徴は衝動性，攻撃性で，それがイメージ化するこ
> 　　とです。攻撃性を受け入れず一生懸命排除している印象を持ちます。
> A　破壊衝動はあります。この2カ月で出てきました。
> 私　強迫症とうつ病の診断ですが，実はPTSDだったのではないでしょ
> 　　うか。エネルギーが上昇すると攻撃性が出てきています。抗うつ剤で
> 　　衝動性が高まって躁状態になり，エネルギーが高まって過去のパワハ
> 　　ラ被害と関連した攻撃性が表に出てきたのかもしれません。

　以上のような流れをケース・フォーミュレーションで描きながら説明しました。私は通常，話を聞きながら，目の前のホワイトボードにケース・フォーミュレーションを描いて説明します。今回もその流れで，パワハラはどういう状態だったかを聞きました。

Ａ　パワハラを行うのは女性の上役です。大声で叱責し，私生活まで批判してきます。すでに前任者2人がパワハラでダウンしています。想像以上でした。「今会ったら，殺してしまうかもしれない」というくらいに酷い目に遭いました。

私　当時の周囲の反応はどうでしたか？

Ａ　触らぬ神に祟りなしです。彼女は自分を抑えられない衝動をもっていて，それをいろんなところで出してトラブルになっていました。他部署ともケンカをし，人事も彼女を避けていました。

私　Ａさんは，そのような人事や管理職への怒りもありましたか？

Ａ　ありました。結局，ほかの同僚が彼女のパワハラでダウンして，代わりに若い人が来て，世話が大変でした。その時から心臓の動悸，頭痛が出ていました。

私　その時の怒りがエネルギーと共に症状として出てきたのではないでしょうか？

Ａ　それはあると思います。

私　今後の課題として，その怒りを見直していくことと，PTSDの可能性を検討していくことをテーマにしたいと思います。もしPTSDであれば記憶が偏っている可能性があります。いずれにしろPTSDのようなフラッシュバック的，侵入的な怒り体験があるのではないでしょうか。

　以上のようなやりとりをすると，彼は「なるほどな」と言いながら，「次の回までに何をしてきたらよいでしょうか？」と尋ねてきました。それに対して私は，不安や心配が出てきたら呼吸法リラクセーションをすることを提案して，一緒に呼吸法の練習をしました。また，「エネルギーが出てきているので，何か体を動かすことが必要です。まずは散歩することから始

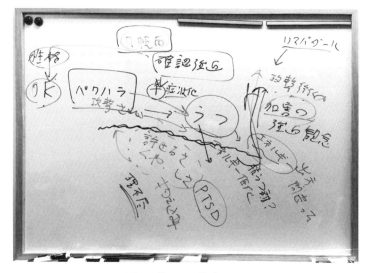

図1　第2回面接時 CF 図

めてみませんか」と言うと，それはできるということでした。散歩という
のは私が一方的に提案したのではなく，彼と相談しながら出てきたもので
した。そして，「生活記録を書いてきてください」と伝えました。

　図1が最初に示したケース・フォーミュレーションです。まずパワハラ
がありました。その後，Aさんは非常に几帳面な性格ということもあり，
確認強迫が出てきて症状化してきました。そして，だんだん苦しくなって
きてうつ状態になりました。ところが，抑うつはありましたが，意識下で
は「許せなさ」とか，「悔しさ」とか，そういう気持ちが強くあったとのこ
とでした。私は，「パワハラによって攻撃されたわけですから，それに対し
て許せなさがあるのは当然であると思う」と伝えました。Aさんは一人で
それを抱え込んでいました。それで苦しくなってうつ的になったと，私は
考えました。ほかには「理不尽だ」という思いが非常に強かったと言って
いました。そこに抗うつ剤が投与されました。その結果エネルギーが出て
きて加害強迫も生まれ，衝動性がわっと出てきたと推測しました。このエ
ネルギーの出方が激しかったので非定型抗精神病薬のリスパダールが投与
されたと考えました。以上のような可能性を彼と話し合いました。Aさん
はそれを否定はしませんでした。

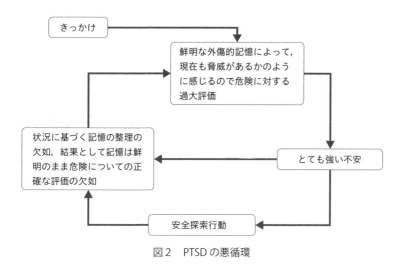

図2　PTSDの悪循環

第3回 ［4月21日］

　Aさんに状態を尋ねると「ずっと寝ています。起きていると加害の想念が出てきます。ただ，何かしていると気が紛れます」ということでした。前回の面接でハラスメントへの怒りと関係の認識をしてもらったので，その影響について確認しました。すると，「当時を思い出してつらいです。仕事への復帰を考えた時に，特に不安になります」とのことでした。PTSDに関する一般的なケース・フォーミュレーションの図（図2）をお見せして「PTSDはここに記載されているプロセスで問題が維持されてしまう」と説明をしました。PTSDの恐怖の記憶が残っているので，それが刺激されると職場復帰の不安が出てくるのは当然ですとも伝えました。すると，加害想念があるときは職場のことは思い出さないが，職場復帰を考えると不安になるということでした。

　PTSDの心理教育を続けながら，①「安全確保すること」，②「加害想念に対処すること」が大切で，まず①の安全確保をしましょうという話をしました。「今，復帰が課題になっている。しかし，復帰する場合にはハラスメント記憶が刺激されてしまう。そこでその刺激を減らすためにも環境調整が大切になります。そのため，Aさんの上司に理解してもらう必要があります。復帰の場合，私が上司と打ち合わせをしたいと思う」と伝えました。問題がどのように起きているかの認識は周りの人にはあるのかと聞く

と，「誰もハラスメントのことなんかわかっていません」との返答でした。「奥様の理解はありますか」と聞いたところ，『前回の面接の内容を伝えると「なるほど」と言っていた』というので，「今後協力をお願いするのは，まず奥様からにしていきたい」と伝えました。課題としては「復帰するために，まずは起きていることができるように午前中の散歩にチャレンジすることを続けましょう」と話しました。

第4回［4月28日］

　Aさんが「職場復帰への不安よりも加害想念の不安が強いです。復帰予定を立てられず職場も困っています。申し訳ないです」とつらそうに話しました。それに対して私は，「そう考えるのはおかしい。職場が問題の発現要因であり，維持要因。だからこそ問題が起きている。そこを申し訳ないと思うのは，起きていることとそぐわない」と伝え，改めて CBT の心理教育をしました。

A　「うまくいかないのは私が悪い」と思っていましたが，考えてみると職場は私に仕事を押し付けていました。

私　職場に戻りたくないのは当然です。職場のマネジメントの欠如に怒りを感じます。非常に危険なハラスメントが野放しになっています。

A　休職は3年間までは大丈夫なので正直復帰したくないです。

私　症状が出ていることを伝えて職場と交渉しましょう。

A　それならば安心です。

もうひとつのテーマであるエネルギーの出方を見ていきました。

私　単純なうつではないように思えます。

A　平日は起きていられるようになりました。でも加害を考えてしまいます。

私　攻撃的イメージが激しく，継続しています。衝動性は躁状態と関係していて双極性障害の可能性があるかもしれません。まずは主治医に伝えてみましょう。

　Aさんは10年くらい前から2回ほど過重労働をしてうつになって休み，また戻って働き過ぎてダメになっているということでした。復帰すると日付をまたいで働き，それでまたダメになった経緯がありました。それで，ベースには双極性障害の可能性があると考えました。その上にパワハラを受けてPTSDの症状が付け加わったとのケース・フォーミュレーションを持ちました。

　　私　（図2を示して）これはPTSDの悪循環です。特にPTSDに関わる刺激があると鮮明な外傷記憶で現在も脅威があるように感じ，強い不安が出てくるので，そこを避けてしまいます。結局現実を見ないためにPTSDの外傷記憶が残ってしまうのです。あるいはとても不安が強いので安全探索行動，回避行動を続け，トラウマが起きた場所や現実を見直せず，外傷記憶が残りグルグル回ることがあります。

第5回［5月19日］

　私の見解を主治医に伝えたところ「従来のうつでよい」という判断でした。そして，新しい抗うつ剤と抗精神病薬も追加して8つの薬が出たとのことでした。Aさんは「効果はなく眠く，呂律が回らないので，副作用かもしれないから強い薬は止めたい」と言っていました。

　　私　目標としてまず睡眠のサイクルを戻すことをしましょう。
　　A　体がだるいです。加害のイメージが浮かぶ回数は減りましたが，夜になると場面が浮かびます。
　　私　昼間できそうなことは何かありますか？
　　A　近くのコンビニに行って菓子パンや牛乳など好きなものを買うことです。
　　私　少しずつやってみましょう。
　　A　最近，体力がなくてすぐ疲れます。主治医も「これほどの薬を飲んでいたら眠いだろう」と言いました。大勢の中で人を叩くイメージが出てきます。

「人混みの中でイライラするのは当然です。私など，いろいろと勝手なイ

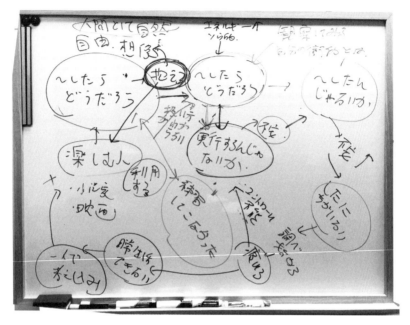

図3　第5回面接時CF図

メージが出てきてひどいものです」と自己開示して伝え，私の頭の中での
攻撃性を話しました。するとAさんは，面白がって聞きながら「悪さをす
る自分がいるのではと思ってしまいます」と話してくれたので，私は「衝
動には理由はなく，やりたいという欲求なのだ」と伝え，ケース・フォー
ミュレーション（図3）を描いて説明しました。

　私　欲求が起きるのは当たり前です。「あっ！ 出てきた」と観察して流
　　　してみるのはどうでしょうか。今は，「実行してしまうのではないか」
　　　と不安になっています。そうではなくて「自分は衝動の扱い方が上手
　　　くない」と考えてみてはどうでしょうか。「○○したらどうだろう」と
　　　いう想像を，人間はみんな自然に，自由にします。これを楽しむ人も
　　　世の中にはいます。たとえば小説家とか映画が大好きな人は，そのよ
　　　うな人たちです。しかし，それを楽しめず抱えてしまったとき，エネ
　　　ルギーが高まってしまいます。Aさんの場合はそれがどんどん膨らん
　　　で，そこから「実行してしまうのではないか」という考えが出て，不

安になるのです。それがますます大きくなってさらに不安が高まります。そして調べ始めると疲れます。疲れると自分がコントロールできなくなってまた実行してしまう不安が出ます。このループがますますひどくなって日常生活ができなくなり，一人で考え込みます。考え込むと楽しむこともできなくなって，うつ的になって考えが悲観的にグルグル回ってしまいます。

お話を聞いていると元来非常に真面目な方なので，楽しむ練習をしてこなかったことがわかりました。攻撃的イメージが出てきたときに扱い方が分からないのです。

　私　衝動が出てきたら，まずそれがどういうものか観察して，このループに入り込まないようにしましょう。

図3のケース・フォーミュレーションを2人で見ながら話をしました。ここまでが第1期です。問題の確認と初期介入の方針を確認しました。

Ⅲ　第2期　行動介入から認知変容へ

第6回［5月28日］

Aさんからは「主治医に言ってレボトミンを止めてもらい，代わりにレキソタンを服用するようにしました。呂律が回るようになり，午前中は眠くなく動けます。夜もすっと眠れます」ということでした。問題の成り立ちをケース・フォーミュレーション（図4）にして描いていきました。

　私　トラウマもありそうなので，急がないでまずは体力をつけ，体力がついてきたら復帰も考えましょう。
　A　まだ加害想念も心の中に出てきます。
　私　私も満員電車に乗って混んでいるときなど，「どけよ！」と心の中で叫ぶこともあります。攻撃性などの衝動は抑制するのは難しいので衝動が出るうちは会社復帰はできないサインではないでしょうか？
　A　子どもの運動会では周りの人を叩きたくなりました。

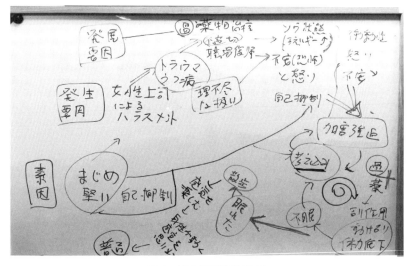

図4 第6回面接時CF図

　衝動は抑えようとすればするほど気になります。「シロクマのことをイメージしないでください」と言うと，逆にますますイメージしてしまう有名なシロクマの実験を彼と一緒にしました。「衝動が出てくるのは仕方がないのです。気晴らしをしたり，別のものに関心をもてば衝動のとらわれは流れていきます」と伝えて，「何か関心のあるもの，好きなものはありますか？」と尋ねました。

A　フルーツオーレという飲み物です。小学校の思い出です。美味しかったです。

私　フルーツオーレを飲むことを中心においしいとかの感覚を大切に考えましょう。

A　道路で人とすれ違ったりすると，叩いたり，突き落としたりするという観念が湧いてきます。

　　まずは安心して身体感覚を感じられることが大切です。あまり人に会わずにすむ公園を散歩しましょう。楽しんだり，安全な感覚を大切にしましょう。

　図4がマクロなケース・フォーミュレーションです。全体の要因が見え

てきたのが，この6回くらいです。Aさんの素因は，真面目で堅く，自己抑制も効いていて非常に優秀で素晴らしい公務員という感じの方です。ところが，過重労働によって，うつ状態，さらに躁状態も出現しました。これが問題の発生要因です。そこに問題の発展として女性上司からのハラスメントが起きました。トラウマ，うつ状態にもなりました。トラウマが想定されないまま，うつ病と強迫症ということで過剰な薬物が投与され，それが躁状態をさらにアップさせたのだと推測しました。

　Aさんは職場復帰を要請されているので，当然ハラスメントで理不尽な扱いを受けていたときの不安や恐怖が出てきています。元々躁状態になる傾向はあったかと思いますが，エネルギーがアップして不安恐怖とジョイントしてしまった。その結果，衝動性，怒り，それに関連する不安が出てきて，しかも自己抑制も入ってきて強迫的になっていったのではないかと考えました。

　加害強迫が出てくると残念ながら薬物の過剰処方がさらに増し，副作用で動けなくなり，体力低下，不眠になった。眠れないと反芻が起きて加害強迫も出てくるという悪循環が出てきました。

　そういう中で，ご本人が主治医にお願いをして薬を減らしたら，眠ることができ，散歩もできるようになっていきました。身体が動く感覚を楽しむことを思い出し，少しずつ普通の感覚を取り戻していったのです。まず悪循環のループから出ましょうと，安全な公園で好きな食べ物，飲み物を買って飲んだり，歩いたりすることをめざしましょうと話しました。

第7回［6月9日］

　Aさんから「散歩をしていて，こんな紫陽花の色があるのだと気づいた」と発見が語られました。そこで，次の課題について私は「体力の回復と，薬の影響があるようなので，ご自身を守るためにもぜひ薬の勉強をしたらどうですか。ネットで検索できますから」と話しました。

A　比較的理解のある上司からメールで「復帰時期を6月までに」と連絡があった。不安です。

私　復帰に向けて関係者が協力して環境を整える準備をしていきたいです。そのために主治医と協力したいので声をかけてもらえますか。

主治医にセンターのパンフレットを改めて渡して，連携のお願いを伝えてもらうようにしました。

第8回［6月23日］

Aさんが，「主治医に薬が強すぎる」と伝えたところ，リスペリドンを止めてフルニトラゼパムとトリアゾラムに変更となりました。6種類の薬を服用していました。フルボキサミン25 mg，クロミプラミン（三環系抗うつ薬）25 mg，ゾルピデム5 mg，フルニトラゼパム，トリアゾラム。頓服としてメイラックス0.4 mg。

A　休職を8月まで延長しました。
私　それは良かった。来談の最初時の苦しさを100とすると今はどうですか？
A　70くらいです。
私　30減りましたね。

第9回［7月8日］

Aさんは，薬をさらに変えてもらい，トリアゾラム0.25 mg，ゾルピデム10 mg，フルボキサミン25 mg，クロミプラミン25 mg，ブロマゼパム（抗不安薬）5 mgを服用していました。

私　加害想念の症状はどうですか？
A　そんなことないと思えるようになりました。
私　最初を100とすると今どのくらいですか
A　50くらいです。
私　それはすごい。よくなっている。しかし，復帰恐怖感はどうですか？
A　夜中に目が覚めたとき，復帰したときの仕事の負荷や，自分の人生がどうなるかを考えてしまいます。
私　職場でのハラスメントのトラウマ記憶が残っているので，職場復帰への恐怖は当然あるでしょう。

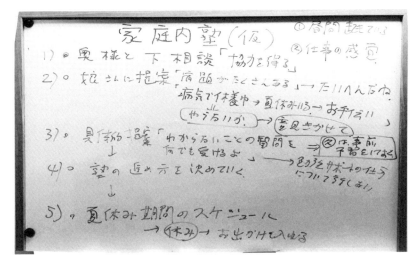

図5　課題分析図

第10回［7月21日］

私　強迫はよくなっていますが，眠れないのは職場への恐怖感があるか
　らと思います。強迫がよくなり眠れるようになったら当然職場に復帰
　しないといけないと考えますね。復帰するとなるとトラウマが当然の
　ことながら刺激されてしまうので，具合が悪くなり落ち込むとなるの
　だと思います。職場の嫌な出来事が思い出されてしまいます。これは
　OCDというよりはトラウマ反応なので，まず家の中で職場復帰の練
　習としてお父さん塾をやりましょう。

　Aさんは，学校時代の成績は良く，勉強ができる方なので娘さんが帰っ
てきたらみてあげたりしていました。ちょうど夏休みになる時期だったの
で，「昼間に家庭内塾というのをやりませんか。それは，昼間起きていて
何かをするためです。仕事の準備をするためにやりませんか」と話をした
ら，Aさんはそれだったらできそうだということでした。そこで，ご家族
にもご協力いただくということで話を進めていきました。
　お父さん塾をやるための課題分析の図を描き（図5），目標は昼間起きて
いることとしました。家の中であるけれども，仕事の感覚を思い出すこと
を目標としました。奥様や娘さんに具体的な提案をしてスケジュールを考

え，夏休みの全体をどうしていくかというような具体的なことを相談しながらプログラムを組んでいきました。

第11回［8月13日］

Aさんからは「8月になって家庭内塾のおかげで，普段の時間に起きていられるようになりました。気晴らしに散歩や買い物もしています。生活時間が出てきました。主治医からは9月1日から復帰可能とのことでした」ということでした。

しかし，私は「少し良くなったといってもトラウマがあるから危険です。それよりも奥様の協力で家庭生活を安定させて，その後に上司の協力を得て復帰準備をしたいです」と伝えて，社会復帰に関する心理教育の話をしました。そして次の回，奥様（W）に来ていただきました。

第12回［8月25日］＋妻（W）

私　奥様から見てどうですか？

W　元気になって表情豊かになりました。夫は，昔は好奇心旺盛で街歩きなども積極的でした。先日，休職したままの職場にも連絡し，お試し出勤の話をしていました。新聞も読んでおり，ラジオやTVをみて笑い声が出るようになりました。

私　それは良かったです。離れたスーパーに買い物に行ってみませんか。奥さんが必要なものを買うと奥さんも助かるでしょう。

W　助かります。

私　Aさんにはハラスメントによるトラウマの可能性があります。職場復帰にはトラウマへの対応を考えておかなければと考えています。

W　それはあったと思います。

第13回［9月24日］

A　歩く際のフラフラ感はなくなりました。強迫観念も出なくなりました。上司から連絡があり，職場外で会うことになったので，ここで相談をして方針を決めて上司と会いたいです。ハラスメント行為をしてきた上司は異動しました。

私　上司と会うことも可能です。復帰に向けてスケジュールを相談しま

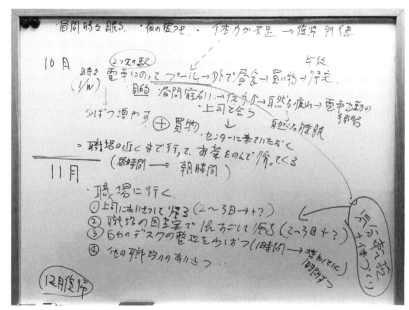

図6　復帰スケジュールのステップ図

しょう。

　上司が来た時に話し合う復帰スケジュールのステップ図を考えました（図6）。このようなことならできそうという課題を，話し合いながら9月，10月，11月，12月と具体的に書いていきました。具体的なスケジュールと目標を定めて，上司と会うことにしました。

Ⅳ　第3期　職場復帰に向けて環境調整

第14回［10月17日］＋上司（B室長）

　職場復帰に向けて環境調整のために上司のB健康管理室長に来てもらいます。

私　問題要因にはハラスメントがあります。復帰の前に主治医，B健康管理室長，下山の連携でサポートをしていきたいと思っています。Aさんはトラウマ経験のために恐怖感があって，心理的に不安定な状態

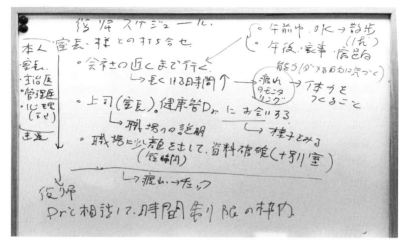

図7　復帰スケジュール図

です。

B　来年4月にハラスメント行為をしていた課長が異動予定です。本格
　的復帰はその人がいなくなってからがよいですね。そのようにするな
　らば健康管理医が心理士の報告書を求めると思います。

　B健康管理室長にも復帰スケジュール図の確認をしてもらいながら，ス
ケジュールを決めてご協力をいただくことにしました（図7）。

　以下の文章が，私が健康管理医に出した報告書の一部です。

　　来談時の状態は単純なうつ病やOCDではなく，トラウマ体験を原因と
　する PTSD 様の症状と判断しました。その間，加害観念の背景にはうつ
　病を抱えているにもかかわらず，ハラスメント常習者の配下に置かれたこ
　と。さらにパワハラを受けているにもかかわらず適切な対応がされなかっ
　たことへの憤りがありました。本事例にはうつ病の既歴があるにもかかわ
　らず，ハラスメント行為を行なう上司の下に異動させ，さらにパワハラを
　受けているにもかかわらず適切な対応をしなかった職場の人事管理の問
　題があると思います。したがって，職場復帰に対しては本人が再びトラウ
　マ体験を受けないように慎重な環境調整が必要だと考えています。

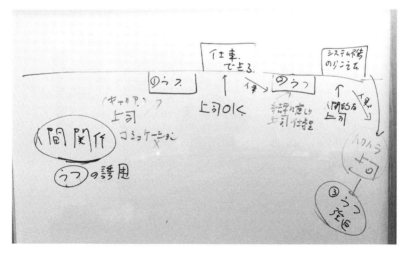

図 8　第 15 回面接時 CF 図

第 15 回 ［12 月 17 日］

A　健康管理医面談があり，状況を理解してもらいました。急がずに職
　　場復帰することになりました。パワハラの人が近づかないよう，人事
　　の方に問題を確認していただきました。休職のまま少しずつ建物に入
　　るスケジュールにしました。

私　復職後の仕事のし過ぎには注意しましょう。

　再発防止のためにこれまでのパターンの見直しをしました（図 8）。今ま
でのパターンでは人間関係で上司とうまくいかないとうつ状態が誘発され
ていました。そこで，私は A さんに「復帰して，上司がいい人だと仕事が
できて夜中までやる。そうすると，この人は仕事ができるということで人
事が難しい仕事を A さんに振るようになる。その結果パワハラ上司の下に
配置させられてしまった。ここで，うつと恐怖感が出てしまいました。“う
つ”と“仕事をし過ぎる”アップダウンは，双極性障害による可能性があ
るから気をつけましょう」と話をしました。

第 16 回 ［X ＋ 1 年　1 月 21 日］

A　復帰訓練は OK でした。2 時間勤務から始めましたが，首と背中が

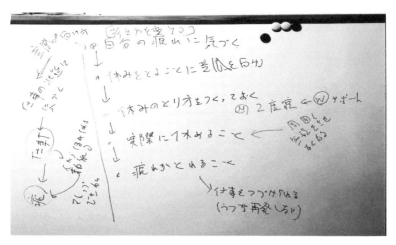

図9　課題リスト

痛いです。

私　頑張りすぎているのではないでしょうか？

A　よく思われたいし，期待に応えたいです。

私　そうすると周りがAさんを頼るので仕事が増えます。頑張りすぎて
　　またダウンの再発パターンが出てしまいます。

A　他人に迷惑をかけてはならないという思い込みがあります。

第17回［2月9日］

A　午後4時まで勤務して落ち込みました。

私　疲れに気付く練習をしましょう。課題リストを作成しましょう（図
　　9）。

A　仕事の状態に気づいて，大事だと思うと仕事をしてしまいます。ま
　　た人から褒められたり，頼られるとストップができなくなって疲れて
　　しまいます。

私　頑張ってストップがきかないパターンはやめましょう。自分の疲れ
　　に気づいて休みを取るのはどうですか。奥さんにサポートしてもらっ
　　て休みを作りましょう。実際に休めば周りも頼んできませんし，疲れ
　　もとれます。こういう方向に変えていきましょう。

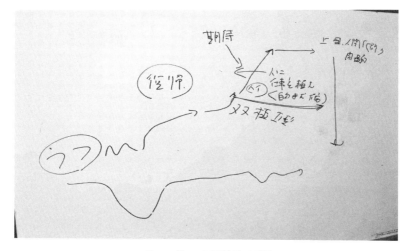

図10　第19回面接時 CF 図

これもケース・フォーミュレーションの一種ということで，課題リスト（図9）を共有しました。

第18回［3月11日］

A　健康管理医も主治医も復帰可能と判断し，復帰しました。

第19回［4月22日］

A　仕事量が増えて残業もあります。落ち込みと疲れが取れません。抗うつ剤アップでハイテンションで仕事をしてしまいます。

私　（図10に示したケース・フォーミュレーションを共有しながら）双極性への対処がないと危険なので，次の課題にしましょう。「自分はまだ不安だから」と伝えて，頼まれたら断りましょう。少し低迷しながら働く方がよいですね。気持ちがアップしてがんばって仕事をして，その後にがくんと下がるのは避けましょう。残業のことを産業医，主治医に伝えましょう。

Ⅴ　第4期　職場復帰：気分の波の再燃

第20回［5月27日］

A　復帰後は残業があって疲れが出ます。それなのに，上司が新たな仕
事を持ち込んできて怒りを覚えます。

私　産業医に伝えて休みましょう。

A　総務は残業手当を出すから残業もしてくれという感じです。

第21回［6月24日］

A　部局の争いがあり，神経をすり減らしました。残業報告をして，産
業医がやっと上司を指導してくれました。10月に大きな仕事がありま
す。

第22回［7月22日］

A　3日連続欠勤しました。負担軽減になりました。薬はフルボキサミ
ンとクロミプラミンです。

　私はもう危ないと思い，家庭での管理をお願いするため，次回妻に来て
もらうことにしました。

第23回［8月26日］＋妻（W）

A　1週間欠勤しました。

W　病気休暇をとらせたいです。こんな状態なのになぜこの人は仕事を
するのでしょう。

私　軽躁状態があるのが曲者です。

　図11のケース・フォーミュレーションを共有して問題の悪化プロセス
を妻にもわかりやすいように説明しました。「家で何が起きるかも含めて行
動を観察し，頑張り過ぎず，アップダウンしないでゆっくり生活するよう
にサポートしていきましょう」という話をしました。

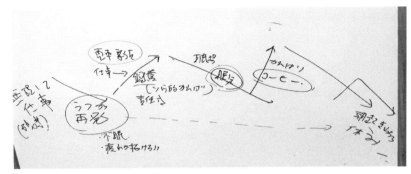

図11　第23回面接時CF図

第24回［9月9日］

A　職場全体が仕事に追われています。残業が続き，眠剤飲んでもダメ
　　です。

私　再発しないことが最優先課題です。産業医に伝えてください。

第25回［10月7日］

A　上司と人事で相談をして，疲れたら病休へということになりました。
　　結局システムの変更という大きな仕事は無事終えました。

第26回［10月28日］

A　不眠で診断書を出して病休を取りました。観念強迫が出てきました。
　　復帰後に2時間残業がありました。仕事の愚痴を大声で妻や同僚に話
　　すようになりました。駅で加害妄想が出てきました。

私　躁状態なので抗うつ薬は危険です。主治医に相談しましょう。

A　自分もそう伝えましたが，理解してくれません。

私　エネルギー・衝動性が高まると，真面目で責任感が強いので，加害
　　妄想となり，そして罪悪感が増すパターンが出てきているのだと思い
　　ます。

A　実は2歳上の姉が重度の身体障害で施設に入っています。親の死後
　　に面倒をみるのは自分だから不祥事を起こせません。

私　そのような状況だからこそ責任感が強くなってしまうのですね。

A　主治医とも再度相談してみます。場合によってはほかの医師を探す

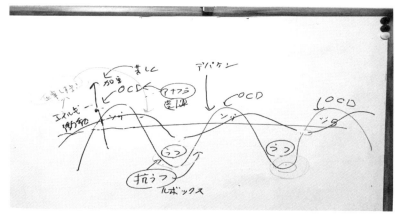

図 12　第 28 回面接時 CF 図

ことも考えたいです。

Ⅵ　第 5 期　休職・加害想念の再燃

第 27 回［11 月 18 日］

　このような経過で問題が再燃しました。Aさんはご本人の希望で主治医を変更しました。私はこれまでの経過報告書を新しい主治医に送付しました。その結果，薬は変更となりました。

A　デパケンは副作用はありませんでした。しかし加害想念があります。今は後ろ蹴りする想念が出てきます。加害の恐怖でヘトヘトです。攻撃的な考えは，すぐ行動になると思ってしまいます。

第 28 回［X + 2 年：1 月 13 日］

A　家族に対する加害想念が出てきてしまいます。薬はアナフラニール，ルボックス，デパケンです。診断書で 3 週間休みを取りました。復帰後は停車している車のフロントガラスを叩き割る妄想が起きました。
私　実際何が起きているかを確認しましょう。

　図 12 のケース・フォーミュレーションを共有して，「アップダウンがあ

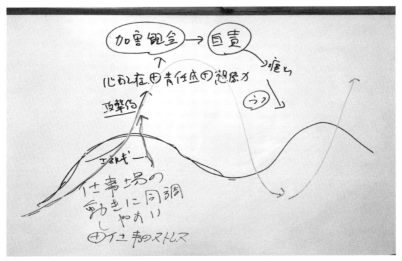

図 13　第 29 回面接時 CF 図

ります。今は躁状態で，問題はこの躁状態をどのように調整するかだと思います」と説明しました。

第 29 回［2 月 10 日］

A　やっていく自信がないです。18 日から休職になります。加害想念は，うつになったのと反比例してなくなりました。

私　今は気分の波がある自分を受け入れて，それに対処していくことが大切です。エネルギーがないと職場にいけない，しかしエネルギーが出てくると不眠になって想念も出てくる。加害想念が出てきて，実際にしたのかと心配となり，さらには責任感が強いので自分を責め始める。しかし，イメージを映像化する能力があるので想念が具体的イメージとなって心配が止まらなくなる。そうなると自分を責めて疲れてうつになるのです。この繰り返しをなんとか調整したいですね。

A さんと私は，図 13 のケース・フォーミュレーションを見ながら，症状とのつきあい方を何回も話しました。

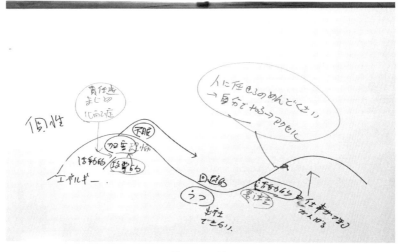

図 14　第 30 回面接時 CF 図

第 30 回［4 月 7 日］

A　症状はあってもやり過ごせています。

私　（図 14 のケース・フォーミュレーションを示して）波があるので再
　発に注意しましょう。活動的になり始めた時期は要注意です。問題は
　うつではなく，躁のなり始めです。

A　自分では躁と感じません。

私　それはそういうものです。奥様と上司に「問題は躁」と伝えて，周
　りからチェックしてもらいましょう。

A　他人に頼むと罪悪感が出てきます。

私　姉の障害とは関連していますか？

A　自分が背負わなければ……と思ってしまいます。

第 31 回［5 月 12 日］

A　加害はおさまりましたが，落ち込みます。主治医と相談してバルプ
　ロ酸ナトリウム（気分調整薬）を戻しました。クロミプラミン，フル
　ボキサミン，ゾルピデム，オランザピン（抗精神症薬）を処方されて
　います。迷惑をかけている罪悪感があります。

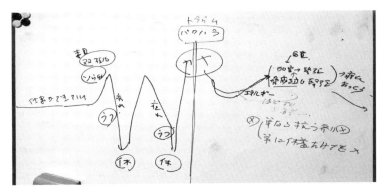

図 15　第 32 回面接時 CF 図

第 32 回 ［6 月 16 日］

A　1 カ月休職しました。午前中は寝ています。やることがないと加害想念が出ます。エネルギーはあります。うつではありません。加害想念とどう付き合うかについて考えています。加害想念の出る場面は「すれ違う」など脅威を感じる場面で，家族でも感じます。

私　トラウマを受けた時と近いですか？

A　近い感じがあります。

私　それは二重の苦しみです。ちょっとした刺激で脅かされ，それに反応して加害想念で疲れます

　問題が起きてきたプロセスについてのケース・フォーミュレーション（図15）をホワイトボードに描いて「こんなことが起きている」と説明しました。休養だけではよくならないので，加害想念を受け入れて流す対処法を一緒に検討しました。

A　加害想念は仕方ないと考えると，想念が出ないこともあります。

Ⅶ　第 6 期　再びトラウマ対処へ

第 33 回 ［7 月 19 日］

A　9 月まで休職です。「加害想念が出ても実際には実行しない」と自分

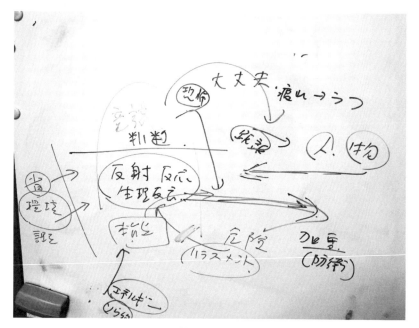

図 16　第 33 回面接時 CF 図

に言い聞かせています。どうしたら安心して人とすれ違うことができ
るか試しています。リーマスで様子をみることにしています。歩いて
いる時，トラウマの根源になった女性のことを思い出すと加害想念が
出てきます。家族に対しても，距離が近いのでひっぱたきたくなりま
す。包丁を振り回したくなります。人が近づくことへの怖さがありま
す。

　反射的に反応して恐怖が出て，加害の想念が出るということでしたので，
図 16 に示したケース・フォーミュレーションを描いて，どうしたら反射
反応を止められるかと 2 人で話しました。これはトラウマ体験をしっかり
と見直さないといけないと思い，トラウマ体験がどんなものだったかを具
体的にお聞きすることをしました。

A　理不尽な要求，あらゆることへの口出し，独善的考えの押しつけが
　ありました。感情的で大声で叱責を繰り返していました。しかも，上

役は見て見ぬふり。上役もその女性を止めませんでした。その女性は
上役に私の告げ口までしていました。ないこともあったことのように
悪口を言っていました。上役も私のことを否定的に見ていました。そ
んな状態なので，隠れながら若い人と協力して仕事を4カ月頑張りま
した。仕事を何とかやり遂げた後にうつ状態となり休職となりました。
大声で文句を言われながら若い人とやりきりました。私の前任者も周
囲の人も何人もダウンしていました。

私　周囲があまりに無責任です。

A　全体を束ねる課長もハラスメント的でした。大声で罵倒していまし
た。その人は最近，重職で戻ってきました。職場全体が自分を守るこ
とで精一杯でした。人事が信じられませんでした。言っても変わらな
い無力感がありました。その時の課長を思い出すと，その人はいつも
怒りの表情をしています。ある沸点を超すと怒りだす。部下は緊張し
て前に出る。そうなるとうまく説明できない。それで爆発する連鎖が
ずっとありました。

私　職場自体が刺激になってトラウマ記憶が出て，その反射的な対処反
応としての加害想念が出ていると思われます。このような状況で職場
に復帰を考えるのは危険です。攻撃性を許される形で表出する代替行
動について一緒に考えていきましょう。

第34回［8月16日］

A　加害の想念が減ってきました。両手に荷物をもって家と駅の行き来
をしたら減りました。ただ，台所の包丁を持ち出しているのではとの
強迫観念があります。家を出るときに確認してから外出しています。
パワハラへの反応と考えて，当時を振り返るといろいろと対応してい
たのを思い出しました。ただやられっぱなしになっていたのではあり
ませんでした。LINEで若い人と連絡をとりあって，パワハラの人の
動向を確認したりしていました。その上司は私達のスケジュールを把
握しようとしたので，裏のスケジュールをつくったりしていました。

私　同僚と怒りの共有はしましたか？

A　「困ったことをしてくれる人だ」という感情はお互いにもっていまし
た。

私　怒りはありましたか？

A　私は持っていました。「その人が不幸になればよい」,「復讐されればよい」という感じでした。「その人が上司からパワハラを受けて,仕事ができなくなればよい」と思っていました。ただその人は,相手をみてパワハラをしていたので強い人には何もしませんでした。「車で轢かれたらいい」と思っていました。

私　どうして,人事を含めてほかの上司は対応しないんでしょうか？

A　周りはわかっていました。むしろ,その人の上司は,その人の人事評価を高くしたという噂でした。その人の上司は,関心のないテーマには全く不注意でした。自分に迷惑をかけなければOKという感じです。結局,そのパワハラの人がほかの部署に移って仕事を次の人に引き継いでから,自分は休職に入りました。

私　その時の症状はどうでしたか？

A　不眠がありました。朝,起きれませんでした。

私　トラウマへの気付きはありましたか？

A　なかったです。パタッと倒れるまで歩いていた感じです。仕事をやりきれたという気持ちが強かったです。

私　なぜ,そこまで仕事をするのでしょうか？

A　次の人にスムーズに引き継ぐ使命感がありました。

私　今の体調はどうですか？

A　気分が沈みます。薬はバルプロ酸ナトリウムと炭酸リチウム（気分調整薬）です。うつのときは,自分を受け入れたいと思っています。でも,将来への不安が出てきます。ここに来るのも苦しいです。

第35回［9月6日］

A　うつの状態です。落ち込むと,再びエネルギーが出てくるという意識がなくなります。

これまでの経過を見直しました。図17で示したケース・フォーミュレーションで気分,エネルギーの波を確認しました。その時は,うつをどうしのぐかを話しました。

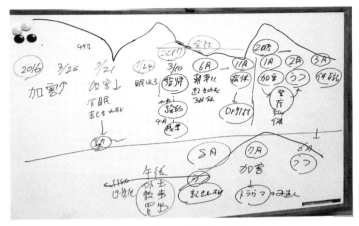

図17 第35回面接時 CF 図

A 外出すると気分的に楽でした。加害想念もなかったです。
私 人がいないところを歩いて体力の回復を図ることをしましょう。

第36回 ［9月20日］

A 寝付きが悪いです。午後に起きます。薬は炭酸リチウム3錠，バル
プロ酸ナトリウム1錠，クロミプラミン1錠です。加害強迫は減って
います。時間を持て余しています。
私 エネルギーはあるが，動いていないということですね。職場復帰に
向けての動きを回避している可能性があります。

図18に示した活動記録を作成して行動の意味を一緒に検討しました。結
果的に職場回避をしているということになりました。

第37回 ［10月11日］

A 朝外出しようとしましたが，布団に戻りました。外出した2日間，
刃物で人を傷つける加害想念が出ました。種類も多様化しています。
私 寝ることで加害想念が出るのを避けているのでしょうか？
A それはあります。でも，外に出ないと先に進めないです。
私 加害想念の出ない外出はありますか？
A 家の近くの散歩なら出ません。

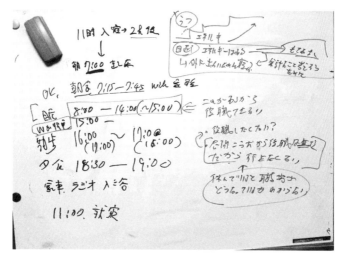

図18　第36回面接時の活動記録

私　安心できるところから始めるのがよいですね。家の中はどうでしょ
　　うか？

A　家庭でも，箸のような刺す物を持っている時に加害想念が出ます。
　　自分が加害している光景が思い浮かびます。しかも，時々脳が加害を
　　命令している感じもします。とても怖いです。気分が良い時は光景が
　　出てもそれをしないだろうと思えます。しかし，夕方で疲れていると
　　脳から命令されている感じがあります。夕方は朝からの加害想念の対
　　処で疲れてしまっています。

私　考えが思い浮かんでも，それをしないだろうと考えられるのが健康
　　な状態です。健康な場合は，攻撃的想念が浮かんでも，それを収める
　　ことができます。Aさんの場合，その考えを収める能力が低下してい
　　ると考えられます。

A　その能力が低下したのはパワハラでやられた結果だと思います。人
　　から攻撃される感じが出てくるのはパワハラのときの感覚に近いで
　　す。

私　脅威を感じる刺激に対して加害想念を発動することが癖のようにな
　　っています。この癖の対処の仕方を考えていきましょう。発想の転換
　　が必要です。

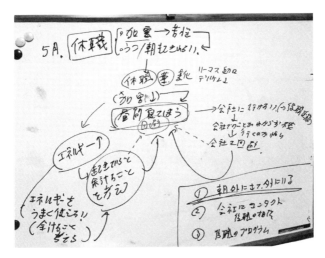

図19　第 37 回面接時 CF 図

　とりあえずの対処として，図 19 として示したケース・フォーミュレーションを作って状況を確認しました。

A　外を歩いているとき，自分の手がどこにあるか意識します。一つひとつチェックできれば安心です。

私　加害想念が起きる刺激リストを作る宿題を出します。それに確かめる方法を書き入れてください。そのコピーを持ち歩き，その場面でチェックをしてよしとする。それをルーティンとするのはどうでしょうか？

A　家に帰って振り返って確認することが多かった。リストを作っておくとその場でチェックできるのでよい。しかもやり方に慣れてくるのがよいと思います。

私　だんだん慣らしていくことです。これはパワハラの後遺症のリハビリです。どんな刺激からどんな光景が浮かぶかを研究する感じでやっていきましょう。どうチェックすればよいかも研究しましょう。

A　妻も理解してくれています。

【第37回後に主治医と打ち合わせのミーティング】

　主治医と連絡を取って直接お会いしてAさんの治療方針について打ち合わせをしました。これまで述べてきた私のケース・フォーミュレーションを伝えました。そして，治療および支援の方針を話し合いました。

〈心理職（下山）の理解〉
・双極性傾向の素因⇒仕事が刺激⇒働きすぎ⇒周囲からの期待と負荷増大⇒休めない⇒うつ病で休職⇒躁とうつの波⇒躁的な活動期にパワハラを受ける
・トラウマ体験⇒会社に対する恐怖記憶⇒職場が未だに安全でない事実⇒トラウマ反応（回避，解離，恐怖感／過度な警戒心フラッシュバック類似反応）⇒現実回避
・真面目な性格と家族関係（＋姉の障害）×双極傾向由来の衝動性×トラウマ体験関連の過度な警戒心⇒加害衝動⇒加害恐怖⇒反芻的思考（強迫思考）⇒抑うつ⇒加害衝動と抑うつの循環

〈主治医と心理職（下山）で確認した介入方針〉
・薬物療法による衝動制御
・過度の警戒心／加害衝動に対する認知的理解とアクセプタンス／スモールステップの，マイルドなエクスポージャー

Ⅷ　第7期以後　緩やかなエクスポージャー：復帰へ

第38回［11月1日］
　A　外に出るたびに加害想念が出ます。2日間，外に出られなかった。想念がでるとき，脳のスイッチが入ります。

　私が情動脳と理性脳について説明すると，Aさんはなるほどと納得しました。図20に示したケース・フォーミュレーションを描き，「刺激⇒脅威⇒情動脳＝闘争⇒やりたくなる衝動⇒それで心配する」と説明しました。

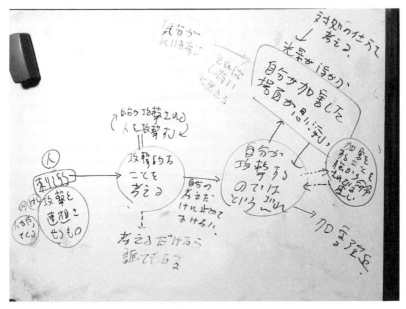

図20　第38回面接時 CF 図

A　それはよく分かる。子どもとすれ違うと加害想念が頭の中で浮かん
　　でしまう。脳が自動的に反応して動き出す感じ。それで，どうしよう
　　となってしまう。それは，理性的な感じです。

私　人よりもしっかり生きたいと考えるのは理性脳です。しかし，脅威
　　に対して闘争する情動脳もあります。その軋轢が苦しい。どう対処し
　　ていくのかが問題です。

A　そうだなあと思います。体験的に脳が２つに分かれていることがよ
　　くわかります。一方で脳が命じている。他方でそれに不安を感じてい
　　る。情動脳が動き出すわけですね。

私　脳が命令をしているという感じなのですね。Aさんは，自分に起き
　　ていることを記述しています。距離をとって観察し，情動脳に巻き込
　　まれないための行動ですね。

A　後から，「確認しろ」との命令もあります。最初は，「○○したので
　　はないか」という心配が生じ，それが後から大きくなります。そして，
　　それが確認しろとの命令になります。

私　Aさんの場合，情動脳が少し動くと，理性脳の確認命令がひどくな

りますね。実際の場では，情動脳は実はあまり動いていないのかもし
れませんね。

A　それは時と場合によります。

私　Aさんの理性脳は人よりも心配性だと思います。完璧な安心感を求
めており，ちょっとでも痕跡が残っているとダメなようです。

A　情動脳が脅威を感じたとき，距離をおいて観察すればよいわけです
ね。

私　"呼吸レッスン"注1)をしましょう。情動脳を感じたときに距離をと
るために呼吸レッスンアプリを活用できます。奥様や娘さんにも相談
しましょう。

A　主治医と相談をしてデパケンを切りました。

第39回［11月29日］

A　最初の2週間はひきこもりでした。でも，今週は外出して散歩でき
るようになりました。妻のスマホを借りて呼吸レッスンで呼吸法の練
習をしています。

私　怖さはありますか？

A　誰かがいて，私の背中に絡みついてきて振り落とす不安がありまし
た。

私　絡みつかれる感覚ですか？

A　実際に子どもに絡みついてもらいましたが，小5でも肩にずっしり
重くのしかかられる感じがありました。それは，想念の中の不安感覚
とは違いました。

私　ちょっとした刺激や身体の変化が，あとから考えると脅威になると
いうわけですね。

　一緒に検討してきたことについて，図21に示したケース・フォーミュ
レーションを作成し，確認していきました。

注1)"呼吸レッスン"は，私（下山）が開発したスマホアプリ。iPhone でも android
でも無料ダウンロードして使える。

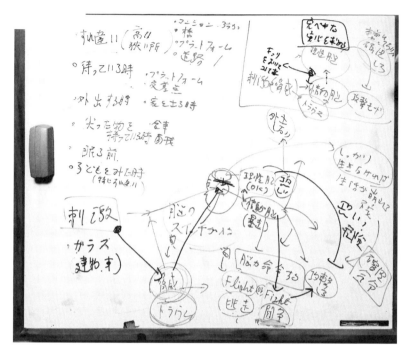

図21　第39回面接時 CF 図

A　前回のテーマの，脅威となる刺激がきたら離れてみて確かめること
　　ができるようになりました。「被害妄想が来るぞ」と思ってみていたら
　　出なくなりました。妻のスマホで呼吸レッスンをやりました。外出し
　　たらいつの間にか紅葉になっていました。

私　今後の目標をスモールステップで進めましょう。

A　新聞もラジオも安心して視聴できるようになってきました。自分の
　　スマホを買う予定です。家族で楽しみます。

私　今までは，知性の使い場所がなくて心配や加害想念が出ていたのか
　　もしれません。スマホで頭の別の部分を使ってみるのもいいかもしれ
　　ません。

A　主治医と相談をしてクロミプラミンは続いていますが，リスペリド
　　ンは止めました。オランザピンは相性がいいこともあり，増やしまし
　　た。

第40回［X＋3年：2月14日］

A　「呼吸レッスン」のアプリを使っています。加害想念は減ってきました。受け流す練習をしています。今は，加害想念が出そうな場所に意図的に行って，それを記録しています。加害想念が起きてもうつにならなくなっています。主治医からは「職場復帰に向けてという段階になってきた」と言われました。アナフラニールを抜きました。いらない薬を減らしています。毎週クリニックに通っています。何かしたのではないかと心配になって見に行ってもなにもない。結局自分の考えですね。

私　心配ごとをメモに書き出して記録しましょう。そして，それが浮かんできたら，「ああ来たぞ」と意識し，確かめたくなる点数を100〜10くらいでつけてみましょう。そして，30点以下は受け流す練習の宿題としましょう。

その後の経過（一カ月に一度の心理相談）

スモールステップの暴露反応妨害法（Exposure and Prevention：ERP）として外出練習をして外出可能となったので，主治医と相談をして職場復帰に進むことになった

［X＋3年3月］〜［X＋3年10月］
⇒リワークプログラム⇒職場の復帰プログラム
［X＋3年11月］〜［X＋4年7月］
⇒職場復帰⇒平常勤務⇒継続

第2章
下山ケースへの質問・全体討論

Ⅰ　質問タイム（プレゼンメンバー）

Q林　現実に問題になっていることに即応してさまざまな対応を繰り出すパッチワーク的なやり方，シークエンシャル・トリートメントのマイクロ版のような作戦とお見うけしました。

A下山　以前から"つなぎモデル"を考えています。一番の基本はクライエントとセラピストのつながり（信頼感）だと思います。それを軸にしていろんな資源をつないでいくことが大事です。そうした方が安全感を持って，チャレンジできる環境をつくれるのだと昔から考えていて，自然にそういうことをしています。

Q林　もう一つの特徴として，心理療法的マネジメントがありましたね。奥様や職場にも積極的に介入するマルチファセット。いろいろなところと連携していました。

A下山　さまざまな資源をつないだ方が楽でいいと思っています。環境づくりが必要と感じたら早めに動きます。それは，私の多動傾向と関係しているかもしれません（笑）。

Q林　加害強迫は4〜6番目くらいに多い，稀ではない強迫ですが，エクスポージャーとしてどんな工夫がありますか？

A下山　加害強迫はやっぱり特殊だと思っています。理由は本人が頭の中でそれを止めようとしたり，チェックをしたりしているからです。こういう強迫は，単純なエクスポージャーでは対処できません。応用行動分析を用いて代替行動を作るのがよいのかもしれませんが，この

ケースではそれもうまくいきませんでした。そこで"つなぎモデル"を用いた支援をしました。なるべくご本人が安心できる環境をまず作ります。そして安心したときにどう反応するのかを見ていきます。加害はどこかで自分を守るためにやっている部分もあるので，ほかの行動で何かできないかを探しながらサポートします。このケースもそう介入しました。PTSD が発生要因になっているとのケース・フォーミュレーションがあったので，タイミングをみてエクスポージャーをやる必要を考えていました。しかし，難しく，主治医と相談をして服薬の調整も行ってもらいました。

Q林　職場は無法地帯で落第です。パワハラだけでなく労務管理もなってない。前近代的で精神保健リテラシーが欠けていますね。クライエントを守るためのポイントには，仕事をやりすぎるのは躁状態のせいという解釈もありますが，本人がアクセルを踏むという認識もありだと思います。薬のせいというより，本人のブレーキが甘いと考える介入もありだと思います。

A下山　薬の調整よりも本人のブレーキが甘かったということですね。無法地帯の環境では仕事をしないといけない気持ちが強くなる。それは確かにそうですが，薬の影響もあるかなと思いました。これについてのご意見もいただきたいです。

Q林　率直に言うと薬剤は関係ないと思います。使用量が少ないです。もちろん敏感な人はそれで高くなることもありますけれども。推測になりますが，私は心理的なブレーキの方の問題だと思いました。

Q伊藤　セラピーはクライエントが主役ですが，下山先生のエネルギーがすごくて，それがそのままこのケース・マネジメントにも出ているのが面白いです。臨機応変でいろんなことをして，どんどん展開するし，処理も早い。いろんな発想が出てくる。拡散型のケース・フォーミュレーションだなと感じました。私は集約型のケース・フォーミュレーションですが，これが下山先生スタイルなのでしょうか。

A下山　多分そうだろうなと思います。時々，カンファレンスなどで「どうしてこのセラピストは動かないのか」と思うことがあります。逆に「どうしてそんなに動くの」と言われますが，「これの方がいいから」

としか言えないです。意図してエンジンをかけてやっているわけでは
ないです。

Q伊藤　技術的な話ですが，ホワイトボードにケース・フォーミュレー
　　ションを描く場合，保存やクライエントとの共有はどうしているので
　　しょうか。

A下山　ケース・フォーミュレーションは写真を撮って持ち返ってもら
　　っています。ただ，この方はアプリの練習をする頃まではスマホを持
　　っていなかったので，御自身ではほとんど写真は撮らなかったです。
　　勧めると，「もう頭に入っている」とおっしゃっていました。多くの
　　方は写真を撮っていかれます。この方は映像記憶がすごいと思われま
　　す。加害のイメージが浮かぶので，認知，特に記憶の在り方も関係し
　　ているかもしれないです。

Q伊藤　アセスメントに基づく場合，私はうつだったら尺度としてBDI，
　　強迫症ならY-BOCSなど，自分の見立てに自信がないから客観的な指
　　標を使いたくなります。質問紙の使い方について教えてほしいです。

A下山　尺度は使う場合もあります。症状が落ち着いている感じのケー
　　スはY-BOCSなどを使いますが，このケースは使う感じがしませんで
　　した。早く対処する必要性を感じました。介入が先だと思いました。

Q田中　まずは感想からです。いろいろな要素が詰まっていましたね。
　　2つの診断名から，下山先生によるPTSDや双極性障害という見立て。
　　2人の会話の中で，躁や薬の解決手段が見つかる物語が素晴らしかっ
　　たです。毎回，ケース・フォーミュレーションを熱弁する姿が目に浮
　　かびます。この方は心理教育を先生から学ぶスタイルがフィットして
　　いたのではないでしょうか。奥様も上司も素晴らしいです。報告書も
　　労働環境問題，人権問題の視点が入っていて，主治医の診断に関して
　　は，服薬についても調べて主体的に取り入れることを促していました。
　　　質問は，心理教育の難しいところは，クライエントが依存的になる
　　場合があることです。この方は，心理教育の中で主体性を失わずにい
　　られました。また，主治医に心理士の見立てを伝えることは本人にと
　　っては板挟みになる危険もあったと思います。そして主治医を変える
　　という大きな決断もされました。結果としてうまくいったのは，クラ

イエントが安心できることを第一に関わったという一言に尽きると思いますが，具体的に気をつけたところを教えてほしいです。

A下山　質問を受けながら思うのは，この方は優秀な人だということです。林先生が言われたパッチワーク的にやったり，伊藤先生の言われた質問紙を使わず動けたこととも関わりますが，「この人は言えば動ける人だ」と早い時期に思いました。依存や板挟みの可能性については考えて慎重にやりました。課題を出すときも本人にできそうなものを，できるかどうか，丁寧に話を聞いていきました。近くのスーパーまで行くとか，子どもたちとできることなどです。以前に神田橋條治先生のカンファレンスに出ていたので参考になりました。もう一つは，山上敏子先生の丁寧な課題分析も常々大事にしていて，日常生活の中でできることを探すことを意識しました。

　　この方は伝えると理解をしてくれました。また，ケース・フォーミュレーションを伝えないと間が持たないというのもありました。具合が悪くなると，黙って頭の中で想念が始まってしまうので，描き出すことで外在化し，コミュニケーションをとりながら一緒にケース・フォーミュレーションを作成し，協働して考えることができました。

　　優秀で真面目だから無法地帯の職場で，ある意味でマインドコントロールされていたという面もあったと思います。ひどい目に遭っていたので，ここで，そのことをしっかり伝え，考え方を変えていただかないとずっと職場で利用されてしまうと思いました。利用されないためにどういう頭の使い方をするかを一緒に話し合う必要があると考えました。能力があるのに職場でアビューズされている中で，違う行動様式をとり入れる必要があると考えました。

II　質問タイム（コメントメンバー）

Q岡野　大変感銘を受けました。診断的な理解，薬物療法のことにかなり取り組まれていますね。アメリカの臨床心理士は，こういう議論はもう当たり前です。日本でそれをなさっている下山先生は医者からけむたがられたり，いろいろ苦労なさったと思います。そのことを臨床家として必要ととらえて教育の中に取り組んでいますか？

　また，このクライエントとの関係における転移・逆転移については
どうでしたでしょうか？

A下山　私もイギリスのチームに参加した経験があって，さまざまな職
種の皆さんが平等に，自由に言い合うのを知っています。実際の現場
で診断と薬物の影響力はすごく大きいと思います。薬の知識を持って
いて，その影響力を知る必要があります。そうでないと過剰の薬物投
与があったり，特に発達障害などは誤診があったりして，誤ったもの
を追随する可能があります。心理士は医者よりも生活に近いところで
クライエントをみて，そこから得られた情報を医者に伝える役目があ
ると思います。私はそのことを話せる医師が周りにいるので幸せです。
クライエントにとっても良かったです。

　また，転移・逆転移の問題ですが，かなり逆転移があったと思ってい
ます。私は，ある意味本気でクライエントに「こんなことやられたら
怒るよね」と伝えました。この場合は正直本当にひどいと思ったので
力が入ったところはありました。その結果としてクライエントは「こ
の人やる気を出しているな」と思ったかもしれないです。優秀な方な
ので外在化してホワイトボードに描くというケース・フォーミュレー
ションの作業は楽しかったと思います。そのようなケース・フォーミ
ュレーションを共有することが，逆転移を中和させた面はありました。
これはケース・フォーミュレーションのいいところかと思います。

Q岡野　患者・治療者関係はすごく重要です。下山先生はとにかく動い
て，たくさんいろいろなアイデアを出して，いろいろとクライエント
に提供しています。クライエントが良くなった大きな要因には下山先
生の人柄や人間性，「あなたの立場って大変だよね」，「僕は怒っちゃ
うよ」という共感があったと思います。自分の大変な立場をわかって
もらえて，いろいろやってくれる非常に強い味方を得たという感覚が
あったのではないでしょうか。だから治療者，患者関係という点で一
番治癒効果があったと思いますが，どうお考えですか？　ただ薬がど
の程度影響していたかは本当によくわからないと思います。それから，
加害強迫の練習はピコピコハンマーなどを使ってできると思います。
そんなこともいろいろ考えました。

A下山　加害想念が少しずつ沈静化してきた段階でも，人とすれ違うと

相手に絡みつかれて投げ落とす想念が出てきていました。人が近づい
てくると乗っかってくる感じがあるというので、エクスポージャーと
してそれを娘さんに実際にやってもらいました。すると自分が感じた
感覚とは違うと思ったというお話があり、それでずいぶん展開したと
いうことがありました。

Q吉村　躍動感があるケースワークだと感じました。私自身も福祉の現
　場で働いていてマクロな動きを取ることがあります。民間でやってい
　るからこその苦労や、工夫されている限界設定はありますか？
A下山　自分のやっていることは心理療法ではなくケース・マネジメン
　トと捉えています。ケースは生活の中でやっているので、心理の立場
　でどうマネジメントしていくかが仕事だと思います。医者は薬でマネ
　ジメントするでしょうし、ケースワーカーの人は制度との関連でマネ
　ジメントします。心理的関係の中からマネジメントするのが自分の専
　門性であると思っています。
　　私は、一般の開業の相談センターで仕事をしていますので、できる
　ことに限界があります。それとの関係で限界設定は課題です。
　　クライエントとの信頼関係をどう作るかは、どうマネジメントする
　かです。やはりケースワーカーとは違い、基本的には面接室でホワイト
　ボードを使って、クライエントの生活のあり方を外在化しながら、ど
　うしようかということを共有していきます。構造的な枠内で、その人
　の信頼関係を結び、その上でクリニックに出向いて主治医と３人で相
　談することもあります。学生には、クライエントの学校に行って、ク
　ライエントとSCと一緒に相談しても当然いいよねと話しています。
　心理的な信頼関係がベースで、その人の認知を確認したうえで外部に
　行くことはあり得ます。しかし、原則は面接室の中での情報の共有や
　操作です。今は、そのくらいしか答えられないので課題ではあります。
　最近ではオンライン面接ができるようになり、介入の枠組みの造り方
　がより複雑にもなっています。
Q吉村　素朴な感想と疑問です。パラダイムシフトが起こったと思いま
　した。下山先生が職場こそ問題だと言ったときに、クライエントさん
　が復帰したくないと言って、素朴なニーズを下山先生の前で語られたっ

ていうのがターニングポイントになった気がしました。復帰したくない気持ちを扱う余地があったのでしょうか？

A下山　これはケース・フォーミュレーションの一番大事なところです。私から見たらクライエントの問題ではなく職場の問題です。職場が優秀な人を潰してしまったのです。そのことを伝えなければ専門職ではないと考えました。だからケース・フォーミュレーションをしっかりやりたい。どうして問題が起きて維持されるのかをしっかりと見極めて問題を共有し，問題を解決する。そこに専門性があります。問題が見えてきたら，どう伝え，どう介入していくかを考えます。慎重に，しかしできそうならばやるのが大事です。パワハラが見えたことと，そこが介入の要点だということがケース・フォーミュレーションを通して見えてきました。

Q吉村　写真を撮ってケース・フォーミュレーションをクライエントと共有した中で，印象に残ったフィードバックがあれば教えてください。

A下山　記録をまとめていて印象的だったのは，クライエントの背中に，娘さんに乗っかってもらったことです。「それを実際にやったんだ。すごい！」と思いましたし，それを伝えました。脳が刺激に反応していることについて共有し，起きていることを客観化できるようになってきたのです。この間をつなぐ作業として娘さんに乗っかってもらったことで，肌感覚と脳の反応が実は違うことが実験でわかりました。ケース・フォーミュレーションは話が止まったときの間を持たせるための苦肉の策という面もありますが，クライエントがしっかり咀嚼し進んでいきました。

Q津田　感想として今回のケースにおいて，クライエントの症状の意味はなんだろうということがあります。クライエントの加害強迫を不適応の括りで捉えてよいのでしょうか。大変な職場であるならば，なにも症状などを呈さずに過ごしている方がむしろ危ないようにも感じます。そう考えると，症状を呈したことは，クライエントのある意味強みというか，体が反応できることで自分を守っていたのではとも思いました。

　　質問としては，インテークの段階での職場のパワハラではないかと

いう見立てをされていました。生育歴や仕事職歴，学校歴，生活様式など，職場のパワハラ以外の，ケース・フォーミュレーションについてはどのように考えておられますか？

A下山　この職場はハラスメントや，それへの無視が蔓延しています。そして過重労働をさせています。クライエントの心理的背景は途中から出てきました。なぜこの人はこんなに自己主張せず，復帰すると残業するのか。眠れなくなり，具合が悪くなるのは躁的かなと思っていました。ある時期，「実は姉が非常に重い障害で施設にも入っています。彼女は自分で生活できないので，私が引き受けないといけません」と聞き，この事実の意味は大きいと思いました。この方の重要なスキーマ，背負っているものでもあるので，介入しすぎずに重みを共有することが重要だと思いました。

Q津田　加害強迫という理解で，そのメカニズムを捉えてよいものかは気になります。たとえば歩いてくる女の子を突き落としたくなる，運動会で子どもを叩きたくなるという物理的に近くにいる人に対してのものと，ニュースで見たことなどご本人と関連が薄いものに対する加害強迫とでは違いがあるのでしょうか。それから衝動なのか不安なのか，子どもの首を絞めること，電車で邪魔だと思うこと，いろいろと混ざっています。このクライエントの加害強迫をどう理解したらいいのか，教えていただきたいです。

A下山　僕は単純にどんな刺激に対してどんな反応が出るかを見ました。すれ違う，待っているとき，外出するとき，尖ったもの，眠る前，子どもを見たとき……みたいにです。最初はニュースのことがあったけど最後はあまり出てこなくなりました。すれ違う場面では空間的に近くなります。待っているときや目の前にいると邪魔をしているように思われる。子どもは自分より弱い者であり，それに対して何かしてしまうのではというような感じでした。そういう質の違いがありました。単なる刺激場面として分類しました。それぞれ考えてみるとかなり極端ですね。本当に苦しかったと思います。

　今では職場のおかしいところは職場にも上司にもしっかり言っています。問題を意識できれば意見をアグレッシブに出す方です。そういう資質を持っておられたけれども，当初それを意識できなかった。そ

れがこういう加害強迫や想念として表出されたのだと思います。今は
パワハラという枠組みがあって合法的に出せるからいいのかもしれな
いですね。

Ⅲ　全体討論

林　心理療法がほかの治療アプローチから独立していないといけないと
　いう考え方がありますが，下山先生のスタイルは医者とも職場の労務
　ともチームを組んで治療を進めるやり方です。その考え方からすれば
　クライエントの改善を促すために薬のことを注文するのは当然です。
　日本では医師が治療チームのマネジメントをすることが一般的です
　が，海外では心理職やケースワーカーがチームのリーダーを担うのは
　もう普通で，むしろ医師は薬物療法の担当という感じです。そういう
　薬物治療やほかの領域のことをすべてのスタッフが理解して議論する
　ことがむしろ必要だということを確認しておきたいです。
下山　林先生の御意見に全面的に賛成です。私はネットで薬の副作用な
　どを調べて，クライエントさんとなるべく共有しています。

岡野　生育歴はあまり触れていらっしゃらないようですが，少し必要か
　と思います。たとえば幼少時に叩かれた体験があったりすると，そう
　いう加害空想が起きることがあります。強迫症状の持つ意味は精神分
　析でもフロイト以来いろいろ扱っていますが，結局わからないままで
　す。精神分析では，強迫についてはだいたいそういう判断になってい
　ます。

伊藤　姉に障害があるので，不祥事を起こせないとおっしゃっていたこ
　とが気になります。加害強迫と関係があるのではないのでしょうか？
　　ケースワーク的な動きをすると，主治医に会ったり，会社の人向け
　の報告書を作ったりすごく時間がかかることなので，開業の身からす
　ると料金が気になります。経済的にどうされているのでしょうか。
下山　1万5,000円いただいていました。上司が来られた時はクライエ
　ントが支払いました。後半に担当となった主治医は，以前からの知り

合いでした。それで，お互いに連絡をとりあって事例検討をしました。そのことは，クライエントにも伝えてありました。

　実は数日前に彼とセッションがありました。「よく続いた」と言っていました。長期に休んでいたので給料もない時に月に1回でも通ってくることができていたのは本当に奥様と家族の協力があったからと話していました。

　生育歴については確かに聞くことができていないです。聞こうとしてもあまり出てきませんでした。川で遊んだとか，フルーツオーレを飲んだとか淡い思い出ばかりでした。姉のことで家族も大変だったのかもしれないです。だから触れなかったし，入り込めなかったです。その影響は大きかったのかもしれません。「自分が退職になったならば，姉を支えていくことができない」という心配も大きかったと思います。ご家族に障害のある方がおられて支える負担の大きさは，問題の持続要因になると思われます。

第3章

「リスカと過量服薬（OD）をコントロールしたい」と訴える 20 代前半の女性

生育期虐待，パーソナリティ障害が問題とされていたケース

林　直樹

I　治療開始の経緯

　Bさんの初診時の主訴は，「リストカット（以降リスカと略）と過量服薬（Overdosing（以降 OD と略））をコントロールしたい」というものでした。しかしここには落とし穴がありました。リスカと OD をコントロールしたいけれど，それに対してほかの人から口出しされたくはないという考えも持っていたからです。実際には，そういう矛盾した考えを抱いている方は少なくありません。そのような事例では，リスカと OD をコントロールするための介入で問題が生じやすいのですが，この B さんには受診後にリスカと OD の問題は大きく顕在化しませんでした。受診を機に気持ちのあり方が変わったせいだと思われます。同じ主訴のケースでもさまざまな経過があるものです。

　Bさんは，発表者の知人の精神科医から紹介された患者さんでした。紹介状には「診断は境界性パーソナリティ障害（Borderline personality disorder：BPD）でしょう。身体疾患が悪化している公算もあります。入院治療をお願いします」と記されていました。紹介状につけられていた子ども家庭支援センターなどの大部の記録には，彼女がずっと厳しい生育環境にいたことが記されていました。

　発表者は，Bさんと来院していた彼女の父親と一緒に面接しました。面

接の目的は，２人が希望していた入院治療についての同意の手続きとその
説明をすることでした。そこで発表者は，主訴と現在の生活状況，だいた
いの生育歴，現病歴を聴取し，身体疾患が悪化していることを確認し，さ
らに，病棟に連絡して翌日の入院予約を取り，「最低でも 2-4 週間は入院す
ることが必要でしょう。身体疾患の治療や今後の生活の計画作りに取り組
むことにしましょう」と説明しました。次いで後で紹介する３セットの自
記式質問紙への記入をお願いしました。初診の日は，たまたま時間的にゆ
とりがあったので，その日のうちに質問紙の集計を終えて，その所見から
診断名として複雑性心的外傷後ストレス障害（Complex post-traumatic
stress disorder：CPTSD），うつ病，不安障害が考えられることをお伝え
しました。

　このようにスムーズに入院していただいたＢさんですが，入院してわず
か４日で「入院生活に制限が多すぎる。周りとなじめない」ということで
退院してしまいました。発表者は「これからどうなるのだろう」と不安を
抱きましたが，Ｂさん本人と父親の希望で外来治療は初診をした発表者が
担当することになりました。Ｂさんは病院から少し離れたところに住んで
いて，通院が負担になることが危ぶまれたのですが，父親が通院の援助を
するということで受け入れることにしました。

　Ｂさんの生育歴は，現病歴と大きく重なっています。母親は 40 代半ば
で，未婚でＢさんを出産しました。父親は，彼女の幼児期まで同居してい
ましたが，その後も経済的援助を継続しています。父親には，別に家庭が
あり，その家庭も複雑な状況です。Ｂさんの家では，父親が別居すると入
れ替わりに別の男性（母親の愛人）が出入りするようになっていました。
Ｂさんはかねてから，学校や警察に対して母親によるネグレクトと暴力を
訴えていたのですが，ようやく 10 代半ばになって子ども家庭支援セン
ターの関与が開始されました。そして母親と同居していると希死念慮が強ま
るという判断の下で，すぐに同センターと父親の保護の下で単身生活を始
めることが決定されました。その後，彼女はひきこもりがちの生活を送り
ながら，開業心理士のカウンセリングに通いはじめましたが，それを継続
できませんでした。そのうちに彼女は身体疾患を発病しましたが，入院治
療によってそれを軽快させることができました。この入院中に精神科医の
診察を受けたのですが，初回面接で母親の愛人からの性的虐待の有無を問

診されたことに憤ってその後の診察を拒否しています。

　20 歳近くになってＡ医師のクリニックに通院し始めました。これも周囲から強く勧められて通っていたのですが，なかなか効果が得られないということで，6 カ月後に発表者の所属する医療機関への紹介に至ったのでした。

　Ｂさんは初診時にリストカットについて「それは，つらい気持ち，苦しい気持ちを可視化するためにやっています。自分の身体を傷つけることでようやく自分が表現できるようになります。その深さ，その数をもって，自分の苦しみを口に出すことができます。つまり，それだけ苦しんでいると言っていいと感じられるのです。リスカの傷は苦しみの物差しのようなものです」と言っていました。

　治療者は「あなたはリスカすることをコントロールできないのが不安だと私は受け取ったのですが，リスカにはそういう理由もあったのですね」と返すと，「やはり，自分が深く切ってしまうのではないかという不安もあります。先日は，傷口をお湯につけて出血を止めないようにすることを考えました。だんだん自殺に近くなってきました。最近では嫌なことがあったわけでなくても，なんとなくやりたい，もっと深く切りたいと考えてしまいます。自分なんか痛い目にあわないと怠けているんじゃないかと思います。目に見える形で苦しんでいないと苦しんでいると言えないです。死にたくはないけれど，死ぬ直前まではやりたいという気持ちがあります」と語ります。

　Ｂさんのように「自分を確認するため」や「自分を罰するため」というのは，自傷行為をする人が稀ならず語る理由ですが（Hayashi et al., 2017），ここまでしっかり言葉にする人は珍しいように思います。そしてさらに，「自殺したいとまでは考えませんが，自傷行為をしていて弾みで死んでしまうのが理想です。身体の病気が悪くなって，そのまま死ねたら一番いいと思います」と淡い希死念慮を口にしていました。

　OD についても印象的な訴えをしています。それは，睡眠障害のためにするということでしたが，大量に飲む理由は，「寝入る前のまどろみの時間に緊張が解けて自分がなくなる恐怖心が強く出てくるので，『寝落ち』するように眠りたいからです」と説明しました。そのほかの問題点として彼女は，生活時間が守れないことや外出できないこと，そして過食をしてしま

うことを挙げていました。

　Bさんは，母親の虐待を受けていた自分を周囲の人たちが助けてくれな
かったことに恨みの気持ちを抱いていました。彼女は，中学2年のときか
ら自宅や学校でリスカを始めていたのですが，学校での養護教諭の対応に
傷ついたといいます。彼女は保健室に連れていかれて消毒や包帯を巻く処
置をしてもらうのですが，その際「こんなことの繰り返しで，（創傷処置
の）費用がかかっているんだ。今度やったら経費をもらう」と言われたの
だそうです。同様に警察の対応にも怒っていました。母親から家を追い出
された後に迷子として警察に保護されると母が引き取りに来るのですが，
警察官に「家に帰りたくない」と訴えてもそれを拒否されて，家に戻され
てきたと言います。

　警察の対応がそのようであることを知った彼女は，15歳の時に母親から
家を追い出されると，それまでと違った行動を取りました。その少し前に
児童相談所のスタッフとの接触があり，児童相談所に保護してもらいたい
と考えていた彼女は，家から出されてから警察に直行しました。そこでひ
とまず父親に来てもらい，その後に児童相談所に連絡を取って保護を依頼
したのでした。

　このような体験を重ねてきた彼女は「自分がなぜこんなに苦しいのか，
生きづらいのかを知りたい。病気のことをちゃんと説明してほしい」と訴
えていました。前医はBPDとうつ病だと説明してくれたのですが，もっ
といろいろな意見を聞きたいということでした。

　以上はすべて，初診時に聴取されたことです。これぐらい豊富な内容を
初診時に言える人はなかなかいません。これは今までの心理士やA医師が
面接を重ねていた成果であろうと思います。

　しかしBさんは，初診の翌日から開始した病棟生活にうまく適応できま
せんでした。彼女は，病院のさまざまな制限（禁煙，パソコンが使えない
こと，コロナ禍での面会制限）への不満を募らせ，さらに母親との電話で
の口論で感情が不安定になりました。ほかには同室の患者の言葉で不安が
強くなって泣いたり，入眠中にうなされていたりしたことが記録されてい
ます。入院2日目から退院したいと訴えるBさんに対して入院担当医は，
入院の目的を改めて伝えて翻意を促しましたが，結局入院4日目で退院と
なりました。退院時のBさんは，母親が入院前に会おうという約束を一方

的にキャンセルした上に謝りもしなかったということで，「これを機に母親とは縁を切って連絡しない」と述べていました。このような母娘の断絶は一般に冷却期間を置くと解消して，また連絡を取り合うようになるものですが，Bさんはその後もほぼ一貫して母親を遠ざけていました。彼女は，意志の強い人です。

Ⅱ　ケース・フォーミュレーション

　Bさんの治療では，ケース・フォーミュレーションを使って問題点の整理が行われました。まずその背景を説明します。発表者が所属していた医療機関では，心理療法のケース検討会が行われると，ケースの情報の漏れがしばしば指摘されていました。そのため，図1に示すフォーム（林，2020）を使って情報をまとめることをしていました。

　ケース・フォーミュレーションはすでにいろいろな形式のものが提案されており，それぞれに特徴があります。ですからそれを使う際には，目的に応じて，それを選ぶ，もしくは作成することが必要です。図1のフォームは，総合的に患者の情報を収集・共有するために使われています。これは特に心理療法的マネジメント，支持的心理療法に適合したものであるといえます。実際には，治療方針を決める際の仮説を作るため，そしてほかの治療者と共有するための資料となることが想定されます。さらに，患者

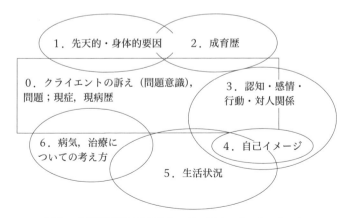

図1　本発表で用いられたケース・フォーミュレーション

の改善・変化をフォローするため，そしてほかの種類の治療での情報の捉え方と比較するためにも有用でしょう。

　このケース・フォーミュレーションは，トレイシー・イールズ（Tracy Eells，クリニカル・サイコロジスト。ルイビル大学の精神医学および行動科学学科教授）の Case Formulation Content Coding Method（CFCCM）を原型として作成されています。これは津川律子（日本大学文理学部心理学科教授）らの翻訳によって 2021 年に福村出版から刊行されています。

　この書籍では，さまざまなケース・フォーミュレーションの歴史や特徴，そしてさまざまな使われ方の分類が記述されています。

　図1のものは，事例検討でのみ使われるケース・フォーミュレーションです。それとは対照的に，すべてのケースで使われるもっと簡略なものもあります。ただし，図1のものも，通常のケースに用いることが望まれるのはいうまでもありません。

　さらに，記録として記述されるものと治療者の頭の中で考えるだけのもの，作ってすぐにその場で使うものと時間をかけて包括的に情報を集積するためのものという分類もあります。先の下山先生のケース・フォーミュレーションは作ってすぐ使うものです。他には，単純なものと複雑なもの，治療者の主観的なものと客観的なもの，もしくは観察に基づくものと推測に基づくもの，個別的なものと一般的なもの，そして患者と共有されるものと共有されないものといった区分があります。下山先生のケース・フォーミュレーションはクライエントと共有されていましたが，この図1のものは共有されません。治療方針を考えるための情報を集積するためのツールという位置づけになります。

Ⅲ　Ｂさんのケース・フォーミュレーション

　ここでＢさんのケース・フォーミュレーションを表1に示します。

　表1のケース・フォーミュレーションの情報の大部分は，初診時に得られたものです（それ以降に得られた情報は，括弧内に示されています）。これだけの多くの情報が初診時に集められるケースは稀でしょう。これが可能となった理由は，前もって送られてきた情報が豊かだったこと，Ｂさんの陳述がとてもよく整理されていたこと，そして発表者が彼女の初診に十

表 1　Bさんのケース・フォーミュレーション

評価領域	状況
0．主訴（問題意識），精神症状・問題，精神機能（現症），現病歴	リストカットと OD，睡眠についての恐怖心，生活時間の「無規則」，外出困難，過食など。 「自分がなぜこんなに苦しいのかを知りたい」という要望あり。
1．先天的（遺伝的）要因・身体的要因	慢性身体疾患に罹患。しかし治療に積極的に取り組もうとしない。
2．生育歴（発達歴の問題など）	両親は幼少期同居。その後父が家を出て，別の男性が入った。母は飲酒して暴れることを繰り返す。 母の暴力，ネグレクトを受ける。中 2 より不登校，リスカがはじまる。10 代半ばから，子ども家庭センターと父親の保護の下で単身生活。ひきこもり状態で経過。
3．認知・感情・行動・対人関係	ひきこもっているがインターネットでの関わりはある。芸術関係の才能があり，その活動で収入を得ていた。対人関係において不信感を抱きやすく被害的になって関わりが長続きしない。 母親との関わりは波乱が多いため最小限としている。父親には頼っており，定期的な関わりを続けている。（受診前，母とは時々食事などに出かけていた） 芸術関係の活動には熱心に取り組む。ある女性と恋愛関係となるが，初診 2 カ月前に関係が終わっていた。
4．自己イメージ・自己評価，同一性（長所・強みも含む）	否定的自己イメージが支配的。死への淡い願望あり。 芸術関係の才能を発揮することを望んでいる。承認欲求はあるが，強くそれを表明しない。
5．生活状況（および生活上の障害を生じている環境要因）	ひきこもり生活。高校に在籍しているが，登校できておらず，卒業の見通しが立たない。コンビニにもいかず，食事は出前が多い。父が外出に誘うが出ないこと多い。通院には父が付き添っている。
6．病気，治療についての考え方，治療関係（面接者との関係）	リスカ，OD などをコントロールしたいと訴えて受診した。他方，リスカを「自己表現の一部」，「他人に否定されたくない」と述べる。病気および治療についての考え方が十分定まっていない。入院して治すという意思は生かされなかった。

分に時間を割けたことだと思われます。

　ケース・フォーミュレーションの項目をそれぞれ見ていきましょう。「0．主訴，精神症状・問題，精神機能，現病歴」では，リストカットと OD が問題でした。それから睡眠についての恐怖心と生活時間の著しい乱れがあ

りました。生活の乱れ方は，昼夜逆転というレベルを超えて，毎日の生活時間がまったく定まらないという状態でした。そして，外出困難や過食も訴えていました。さらに，「自分の苦しみの原因を知りたい」という訴えがありました。

「1．先天的要因・身体的要因」は身体疾患の罹患があり，その治療に積極的に取り組む意志がないと述べていました。「2．生育歴」では，事情が複雑でした。両親とは幼少時は同居していました。その後父が家を出て別の男性が入ってきました。母は飲酒して暴れることを繰り返していました。母の暴力，ネグレクトを受ける中で中2からBさんの不登校，リスカが始まりました。10代半ばから子ども家庭センターと父親の保護のもとで単身生活が開始されましたが，ひきこもりの状態で経過していました。

「3．認知・感情・行動・対人関係」では，ひきこもりではあったものの，インターネットでほかの人々と関わり，芸術関係の才能を活かした活動をしていました。しかしその人々に不信感を抱きやすく，被害的になって関わりが長続きしないことがありました。母親との関わりはもともと少なく，不安定で断絶することが多かったようです。父親には頼っており，父親との関わりは安定していました。父親が1〜2週間おきに訪問して外出に誘っていました。通院には，父親がしばしば付き添っていました。受診前，母親とは時々食事などに出かけ，たまに遠方の母親の実家に一緒に出かけていました。父母以外では，インターネット上での対人交流は活発でした。そこで知り合った女性と恋愛関係になりましたが，初診の少し前に関係が終わっています。

「4．自己イメージ・自己評価，同一性」は否定的な自己イメージが支配的で，死への淡い願望がありました。芸術関係の才能を発揮することを望んでいましたが，自己否定が優勢で，承認欲求は明瞭ではありませんでした。

「5．生活状況」では，ひきこもりが特徴でした。しばらくコンビニも行かず，食事は出前がほとんどでした。高校に在籍してずいぶん高学年になっていましたが，卒業の見込みはありませんでした。「6．病気，治療についての考え方，治療関係」では，リスカとODをコントロールしてほしいという主訴で受診しましたが，病気および治療についての考え方が十分に定まっておらず，入院して治したいという意志は，結局生かされませんでした。

Ⅳ 3セット評価

　発表者が2021年まで所属していた帝京大学精神科では，成人発達障害の診断プロトコルを2020年1月から実施していました。そこではまず表2に示されている3つのセットの自記式調査誌紙を使って精神障害のスクリーニングが行われます。

　この3セット評価は，ほかの医療機関からの成人発達障害の評価をしてほしいという依頼に応えるために作成されました。セットAは，成人発達障害の調査票・チェックリストです。しかしそれだけでは，成人発達障害の人たちに合併しているほかの精神障害がカバーされません。そこで，セットBで発達期の問題に虐待やいじめ，愛着関係の問題が加わることが多いということで心的外傷やPTSDに関連した評価が，そしてセットCでパ

表2　3セット評価

セットA：発達障害の特性	自閉症スペクトラム指数（Autism-Spectrum Quotient（AQ））日本語版（若林，2003），ADHD Self-Report Scale（ASRS）（Kessler et al., 2005）日本語版, DSM-IVによる症状チェックリスト（患者記入用）（Young et al., 2007）など
セットB：心的外傷関連症状	出来事インパクト尺度改訂版（Impact of Event Scale-Revised（IES-R））日本語版（Asukai et al., 2002），国際トラウマ調査表（International Trauma Questionnaire（ITQ））日本語版（金ら，2018），解離体験尺度（Dissociative Experience Scale（DES））（岡野，1995）
セットC-1：パーソナリティ特性（障害）	10項目パーソナリティ評価日本語版（Ten Item Personality Inventory（TIPI））日本語版（パーソナリティの特性を評価する10項目のごく簡便な評価尺度）（現在は，これに加えてDSM-5のパーソナリティ症診断代替モデルに基づく評価尺度（The personality inventory for DSM-5 Brief Form Adult）（Krueger et al., 2013）の翻訳も加えて使用している。）
セットC-2：精神症状（抑うつと不安）	PHQ-9（Patient Health Questionnare-9）（村松ら，2009）（うつ病の診断基準から構成される尺度），GAD-7（Generalized Anxiety Disorder-7）（Spitzer et al., 2006）（全般性不安の尺度）（当時は，この代わりにHAD尺度（Hospital Anxiety and Depression Scale）（Zigmond et al., 1993）が使用されていた），Liebowitz社会不安尺度日本語版（Liebowitz Social Anxiety Scale（LSAS-J））（朝倉ら，2002）

ーソナリティ（障害）特性，および抑うつと不安の評価が行われることとされました。

　このような精神障害が多層的に重なることは，ごく一般的です。この3セットは，発達障害⇒心的外傷関連障害⇒パーソナリティ障害⇒精神症状（抑うつや不安）を主徴とする精神障害という障害の発展過程のモデル（林，2019）に基づくものです。これは，パーソナリティ障害の顕在化する前に発達障害や心的外傷関連障害の兆候が見られ，パーソナリティ症が思春期・青年期に明らかになって以降にうつ病や不安障害などの精神障害が発病するという研究知見（例えば，自殺行動の患者において BPD が発達期の問題とうつ病などの精神障害の発病の間を介在しているというモデル（Hayashi et al., 2015））の蓄積から考案されています。このようなモデルの理解から，発表者はパーソナリティ障害が疑われる人にもこの3セット評価を実施しています。

　Bさんにもこの3セットの評価を行いました（ただし，記憶の欠失や自分のしていない行動を他者から指摘される経験がないということで，DESは施行しませんでした）。そして，初診日のうちに評価の報告を作成して彼女に結果の説明をすることができました。表3に3セット評価の結果を示します。

　この結果では，Bさんは複雑性 PTSD およびうつ病と不安障害の診断が疑われるという評価でした。ITQ で複雑性 PTSD の症状がそろっており，IES-R でもトラウマの影響が強く認められています。ちなみに受診4カ月前に実施されていた WAIS-Ⅲの報告では，全検査 IQ 87，言語性 IQ 92と動作性 IQ 84 であり，発達障害についての言及はありませんでした。

付記：複雑性 PTSD について

　複雑性 PTSD は，2018 年に概要が発表された世界保健機関（World Health Organization（WHO））の国際疾病分類第 11 改訂版（International Classification of Diseases 11th Revision（ICD-11））で正式に認められた精神障害です。これは元々，ジュディス・ハーマン（Judith Herman，ハーバード大学医学部精神科）（Herman, 1992）が提案した概念ですが，そこからいくつか変更が行われてマリリン・クロワトル（Marylene Cloitre，ニューヨーク大学児童青年精神科教授）らの努力に

表3　Bさんの3セット評価の結果

セットA
【成人ADHD自己記入式症状チェックリストASRS】パートA　3点，パートB　4点
【DSM-5 ADHD診断基準チェックリスト（本人用）】注意欠如3項目，多動4項目
【自閉スペクトラム指数日本語版AQ-J】25点
ADHD，ASDは疑わなくてよいだろう。
セットB
【国際トラウマ質問票（ITQ）】PTSD 3症状，およびDSO 3症状すべてプラスであり，複雑性PTSDの診断を示唆する。
【出来事インパクト尺度改訂版（IES-R）】合計53点（侵入症状18点，回避症状22点，過覚醒症状13点）　PTSDを強く示唆する。
セットC-1，C-2
【10項目パーソナリティ評価日本語版】勤勉性2.5（勤勉性低い），神経症傾向7（神経症傾向高い），開放性2.5（開放性低い）　神経症傾向が強いのはBPDと一致するが，調和性と誠実性に所見がないのはBPDに一致しない。
【PHQ9日本語版】25点　うつ病が強く示唆される。
【Liebowitz社会不安尺度日本語版】恐怖感／不安感55点，回避44点　社交不安障害が強く示唆される。
【HAD尺度】不安13点（中程度），うつ9点（軽度）　抑うつと不安が強い。

よってICD-11に収載されました。それは，従来のPTSDの3症状（再体験症状，回避症状，過覚醒症状）に加えて自己組織化障害（Disorder of Self-Organization：DSO）の3症状（感的制御の障害，自己の障害，対人関係の障害）があるケースで診断されます。DSO症状は，性格的特徴と言えるものであり，同時にBPDの特徴と大きく重なります。

　クロワトルは，PTSDと複雑性PTSD，BPD，そして複雑性PTSDとBPDの合併の関係をスペクトラムとして捉えています（Cloitre et al., 2014）。すなわち，これらの障害がこの順で重症度が高く，それぞれの隣同士で互いに移行したり，合併したりしやすいということです。

　PTSDの薬物療法についても補足します。もちろん将来的には希望がありますが，現在のPTSDに薬物療法はほとんど効きません。複雑性PTSDについても同様です。しかし，薬物療法は，PTSD以外の精神症状を改善するのには役に立ちます。ただし，その経過を良くする力までではないだろ

うと考えられています。

V　事例の治療経過

　Bさんの治療で行われているのは，心理療法的マネジメントと薬物療法です。これは，医療機関での治療としてもっとも一般的に行われているものです。心理療法的マネジメントは，現実面への介入によって現実適応のレベルを上げることを眼目とする支持的精神療法とほぼ同義です。つまり，患者の訴えを受け止めて，診断・評価を行い，それへの対応を考えるという現実志向的なスタイルが基本です。治療の目標や治療者の役割は，社会文化的背景（常識や伝統・慣習）によって比較的明瞭に規定されています。ファンタジーや夢は積極的に取り上げません。通院頻度，面接時間は，開始して6カ月までは1週から2週に一度30分，そしてその後は2週から4週に1度15分から30分でした。同伴している父親とは，Bさんと別に面接しました。

　薬物療法は，基本的に前医のものを踏襲していました。前医の処方はミルタザピン（抗うつ薬）が最大量，多くの種類のベンゾジアゼピン系の睡眠導入薬，それから少量の選択的セロトニン再取り込み阻害薬（SSRI）が使われていました。たくさんの精神症状が訴えられていた割には，薬剤の量と種類が絞られていると感じました。薬剤は最小限とするべきですが，発表した経過中に睡眠障害などの訴えが続いていたため，大幅に減らすことはできませんでした。

　治療経過は，治療開始6カ月後に母親の実家での滞在前後で状態が大きく変化したので，治療開始後6カ月間を第一期，母親の実家滞在後の約1年間を第二期として記述します。

第一期（治療開始後6カ月間）

［第2回面接］

　Bさんは自分の意志で退院し，その後すぐに発表者（治療者）の外来に来たので，第2回面接が事実上の初回面接になります。Bさんは「楽になりました」と言います。それについての説明を求めても「わかりません。薬も変わってないけれど，楽なんです」と言ってくれたので，治療者に「外

来治療を受け入れてくれてありがとう」という意味なのかもしれません。それでも，「自分は罰を受けなければならない存在なので，楽になると違和感がある」，「リスカしたい気持ちがありますが，まだ切っていません」などと従来のトーンの訴えがありました。治療者は「よく来てくれたね」とこちらの安心感を伝えました。

　父親とはBさんと別に面接をして「ひきこもりの人の外来受診は継続困難です。しかもお宅は家が遠くてさらに条件が厳しいです」と話して，Bさんのサポートをお願いしました。父親は治療者の要請に応えて，退院後の訪問は従来の1～2週に1回から週に1～3回に増やすなどの対応をしてくれました。

［治療開始～2カ月］

　母親の実家に滞在するまでの6カ月間は，基本的に治療開始以前の「無規則」の生活リズムでした。単独の外出ができず，父親との外出に消極的でした。治療者の過食コントロールや生活改善の助言には反応できませんでした。しかし，リスカとODはほぼありませんでした。この中で徐々に気分状態や身体状態が改善していきました。

　治療開始後2カ月になると，Bさんは「リスカをしないと不安になるが，この頃はリスカが怖くなってきたようだ」と言うようになりました。彼女は，「健康」とそうでないことのどちらを選ぶかという葛藤の状態に入ったようです。しかしまだ，身体疾患の薬を約半分しか飲んでいないということでした。さらに彼女は，「金銭的に自立したい」と希望を抱くけれども，「計画を実行できません。自分が駄目だから」という結論になったといいます。

　この時期のBさんは，芸術的活動の作品づくりをやっていました。父親は「トゲトゲしさが減った」と評価していました。そのうちに彼女は「勉強したい」と言い出したので，父親の協力の下で，ある資格の取得を目指して勉強することになりました。

　この時期の第4回面接を紹介します。

　Bさんの「自分が自分であることの証明であるリスカができなくなるから怖い」が，同時に「父の望むような行動ができない自分がつらくなる」という両価的態度に対して，治療者が「自分を罰するリスカをすることで，

駄目な自分と努力する自分のバランスを取ってきたんですね」と指摘すると，Ｂさんは「はい，その通りです。自傷もできないのにつらいと言っているのはさぼり癖だと思います。身体疾患を利用して死ねないかな」と答えます。しばらくの後に，治療者が「Ｂさんは，楽でいられるときがあるんですか？」と話題を転換すると，「作品を作っているときは楽でした。でも今は作品作りが仕事になってしまったのでつらいことの方が多いです。作品を通じて人と知り合うのが好きです。でも結局気まずくなって別れてしまうのです」と語ります。難しいんだなと思って聞いていました。

［治療開始後３〜４カ月］

　この時期には，虐待のフラッシュバックが多く訴えられました。Ｂさんは，それを友人にも訴えていたのですが，「友人に『虐待のことは忘れたらいい』と言われると胸クソが悪くなる」と言っていました。母親への陰性感情は，「母親がメールで父か母かどっちを選ぶのかと問いかけてきます。とんでもないです」などと強く表明されていました。

　この頃からＢさんは，身体疾患の治療薬をきちんと服用するようになり，過食も見られなくなりました。生活はまだ不規則でしたが，外出が多くなって体力が回復してきたようでした。父に対しては「感謝と煩わしさが半々です」と述べていました。父親は治療開始後４カ月になって，ようやくＢさんの部屋に入れてもらえるようになったということでした。

　治療開始３カ月後の第９回面接で彼女は次のように語りました。このときの彼女は，勉強が日課の中心になっていました。

　「勉強を教えてくれる父と過ごしていると，今まで忘れていた生育史のことをたくさん思い出します。母の行動の思い出が不意に出てきます。父が私の頭を撫でようとするとビクッとします。なぜかというと母にそうやって殴られてきたからです。母は『母か父かどっちかを選びなさい』と言ってきますが，私は父を選びました。母はそれでもいろいろなメールで誘ってきます。自分がひどいことをしておきながら，ケロッとしてそんなことを言ってくるからびっくりです。母のせいでこんな目に遭っているのに，こんなに薬を飲んでいるのに……。母に馴れ馴れしくしないで欲しい，家族ヅラをするなと言いたいです。『やってきた暴力，追い出し，閉じ込めは犯罪だろ』と言いたいです。今は，父に頼ることができてよかったと思い

ます。母の実家で母が『親戚から金を借りて事業を始めたが失敗した』と聞きました。母は実家にもたくさんの迷惑をかけてきましたのに，『あいつ（母親）はひどい人だよ』と親戚に言ってもちゃんと伝わりません。母はつくづく運がいい人だと思います。……どんどん思い出します。母親から不意にゴミ箱を頭にぶつけられて，ゴミ箱が粉々になった。とっさに何を思ったかというと，『自分の鼻血が止まらないな』ということでした。毎日が自分が死ぬか母が死ぬかの二択でした。しかし苦しいという感覚がありません。麻痺したような感じです」。ここでの最後の場面では一種の離人感が生じていたのでしょう。虐待されている時に麻痺の状態が起きていたと考えられます。

　Bさんの陳述の厳しさに動揺して，治療者が麻痺の状態を「フラッシュバックに圧倒されていない強みが出ているんじゃないでしょうか」という的の外れたコメントをすると，的確に反発が返ってきました。Bさんは「嬉しい言葉ではありません。前に高校でも敬愛していた先生から『ずいぶんしっかりした』と言われたときに腹が立った（のと同じです）」と言います。これは安易な慰めは受け入れられない，そんなに甘いものではないということでしょう。このような表面的な慰めへの反発は，ほかの同様の患者でもしばしばみられます。

　「そういう忘れようとか割り切ろうとかいう言葉は良くない」，「自分にとって良かろうということで発せられた言葉は嬉しく感じません」とはっきり言ってくれるBさんに，治療者は「気分を害することを言ってしまってすみません」と謝りました。

　この謝罪に一種の気安さを感じたのかもしれませんが，彼女は一つの依頼をしてきました。「一つお願いがあります。父によく外出を誘われますが，自分は行きたくないと言うと，『どうしてだ』と父から聞かれますが，自分にはその理由をうまく答えられません。だいたい誘いには応じようとしていますが，行きたくないことがあることを先生から父に伝えてほしいです」と言うのです。治療者は「そういう考えであることは，伝えられます。しかしあなたが自分で心情を伝えないと効果はないでしょう。それから，私（治療者）はあなたに外出はあなたに良いことだと言ってきたので，そのことは理解しておいてほしいです」と返答しました。彼女は「それは私もわかっています。そういう父の考え方もわかっています」というので，

それでは「あなたのその場の気持ちを尊重してほしい。外出についての考えは父と同じだということを伝えます」とお答えしました。

　続いて彼女は，「今，いろんな感覚が湧き出てくる。自分はロボットなのかな，なんか麻痺しているのか，友人に裏切られた出来事の後だからかな」と言うので，いろいろな感覚が混じっている状況から「何かが芽吹いてくるかもしれません」と言って面接を終わろうとしました。Bさんはそれに「いろいろな気持ちが湧き出てきますが，のんびりゆったりという気分はないんです」と言っていました。

［治療5〜6カ月］

　治療開始5カ月には，母親が頻回のメールでBさんの援助を求めてくることがありましたが，彼女は「母の都合で泣かされるのはもうご免だ」と言っていました。さらに「その前に母にとって自分がどういう存在だったかを知りたくて，母に連絡を取ってしまったことがあったが，その返答で改めて母に幻滅しました」ということでした。

　父親との関係では，先に記したものと同様にBさんの方から父親に自分の思いを伝えて欲しいという依頼がありました。治療者はそれに対して応じることが多かったと思います。そうすると父親の方からもBさんへの注文（例えば「過食を止めてほしい」）を治療者から言って欲しいと依頼してきます。治療者はそれを「最終的には本人に任せることにしてください」と確認をしてからだいたい引き受けていました。

［母親の実家での滞在］

　Bさんは治療開始後6カ月に母親の実家に一人で3週間滞在して，祖母や親戚たちと多くの時間を過ごしました。そこで新たに恋人（女性）と出会いました。

第二期（治療開始後7〜18カ月）

［治療7〜11カ月］

　母の実家での滞在以降，Bさんはほぼ日中の活動ができるようになっていました。通院も1人でできていました。母親の実家で出会った恋人との交際は，彼女の関心の中心となっていましたが，勉強を続けることもでき

ていました。

　治療開始後8カ月に彼女は「母の実家では『虐待のことは忘れなさい』と言われたなど不愉快なことがありましたが，母親の悪評を聞かされて，自分の判断が間違っていなかったことがわかりました。祖母は『Bが良くなった』と言って泣いて喜んでくれました」と語っています。また，「（母親の実家での滞在の後）元気になってきました。生活も規則的です」と述べています。恋人が「一緒にいて安心できる初めての人」であり，「デートで会うと嬉しいが，別れるときが悲しい。目に涙があふれてくる」と話していました。しかし出会ってから4カ月で彼女と別れました。経緯は不明です。

［治療開始12～18カ月］

　恋人と別れて，すぐに男性の恋人ができました。それぞれの家を行き来する半同棲の関係になっています。面接では，恋愛の話題が多くなりました。そこでは，Bさんと相手の男性が互いに過剰な要求をぶつけ合って葛藤が生じていることが知らされました。例えば，恋人は「目標通りに体重を減らせ」と言いますが，彼女は「女友達とメールするな」と注文をつけていました。それによって危機が生じるのですが，何とか乗り切っているということでした。彼女は「彼は（二人目の）安心して一緒の空間にいることができる人です」と言います。外来に恋人をこれまでに何回か連れて来ています。恋人が病気の説明をしてほしいというので，治療者はそれに応じています。

　治療開始後18カ月，第30回目の面接では次のようなやりとりがありました。

　「恋人は『目標通りに体重が減らないから別れよう』と言っていたので，そのことを私が恋人の友人の彼女に相談したら，それが恋人の友人に伝わり，さらに恋人にも伝わってしまい，私は叱られて大泣きしました。そうしたら恋人は考えを改めてくれて，彼の友人に対して『直に話をされて俺たちは混乱しちゃったよ』と抗議をしてくれたということでした。Bさんは，そういう彼を見てとても嬉しいと感じて「別れたくないから体重を落としたい。体重について自分はこれだけのことができるんだと胸を張りたい」と言います。しかし，これまでにも恋人の優しさに有頂天になるけれ

ども，過食したのを責められるといったことで落ち込んできたことが繰り返しあったことを思い出して，最後には，沈黙の後に「本当は別れた方がいいんだろうな，もっと理解してくれる人と一緒になった方がいいんでしょう」と言っていました。治療者は「また感じ方や考えを教えて下さいね」と言って，面接を終えました。

　以上，Ｂさんの治療経過の概要を発表しままました。Ｂさんは否定的な自己イメージに圧迫されながらも，自分の置かれた状況を把握し，今後の道筋を見出そうとする姿勢を保っています。父親は，治療開始を契機に関与を強め，安定した関係を築くことができています。また，Ｂさんはある資格を取得するというチャレンジを開始し，実績を上げつつあります。それから，恋愛を経験し，周囲の人と一緒にいられる感覚が広がりつつあります。

　発表者は今後も，Ｂさんのさまざまな学習体験を積み重ねていく道行きをサポートしていきたいと考えています。そこでは，最後に示した恋愛から生ずる激しい感情への対応や，母親との関わり方をさらに整理していくことが今後の課題になると思われます。

文　献

朝倉聡・井上誠士郎・佐々木史（2002）Liebowitz Social Anxiety Scale（LSAS）日本語版の信頼性および妥当性の検討．精神医学，44; 1077-1084.

Asukai, N., Kato, H., Kawamura, N., et al.（2002）Reliability and validity of the Japanese-language version of the impact of event scale-revised（IES-R-J）: Four studies of different traumatic events. J Nerv Ment Dis, 190; 175-182.

Cloitre, M., Garvert, D. W., Weiss, B. et al.（2014）Distinguishing PTSD, Complex PTSD, and Borderline Personality Disorder: A latent class analysis. Eur J Psychotraumatol, 5.

Hayashi, N., Igarashi, M., Imai, A., et al.（2017）Motivation factors for suicidal behavior and their clinical relevance in admitted psychiatric patients. PLoS One, 12(4); e0176565.

Hayashi, N., Igarashi, M., Imai, A., et al.（2015）Pathways from life-historical events and borderline personality disorder to symptomatic disorders among suicidal psychiatric patients: A study of structural equation modeling. Psychiatry Clin Neurosci, 69; 563-571.

林直樹（2019）パーソナリティ障害から見た精神障害の重層．精神科診断学，12(1); 16-24.

林直樹（2020）ケース・フォーミュレーションと治療関係の把握．In：林直樹・野村俊

明・青木紀久代（Eds.）：心理療法のケースをどう読むか？―パーソナリティ障害を軸にした事例検討．福村出版，pp.10-33.

Herman, J. L.（1992）Trauma and Recovery. Basic Books.

Kessler, R. C., Adler, L., Ames, M. et al.（2005）The World Health Organization Adult ADHD Self-Report Scale（ASRS）: A short screening scale for use in the general population. Psychol Med, 35; 245-256.

金吉晴・中山未知・丹羽まどかほか（2018）複雑性 PTSD の診断と治療．トラウマティック・ストレス，16(1); 27-35.

Krueger, R. F., Derringer, J., Markon, K. E. et al.（2013）The Personality Inventory for DSM-5, Brief Form (P/D-5-BF)-Adult. American Psychiatric Association.

村松久美子・上島国利（2009）プライマリ・ケア診療とうつ病スクリーニング評価ツール：Patient Health Questionnaire-9 日本語版「こころとからだの質問票」について．診断と治療，97; 1465-1473.

岡野憲一郎（1995）外傷性精神障害―心の傷の病理と治療．岩崎学術出版社.

Spitzer, R. L., Kroenke, K., Williams, J. B., et al.（2006）A brief measure for assessing generalized anxiety disorder: The GAD-7. Arch Intern Med, 166; 1092-1097.

若林明雄（2003）自閉症スペクトラム指数（AQ）日本語版について．In：東條吉邦（Ed.）：自閉症と ADHD の子どもたちへの教育支援とアセスメント．国立特別支援教育総合研究所，pp.47-56.

Young, S. & Bramham, J.（2007）ADHD in Adults: A Psychological Guide to Practice. John Wiley & Sons.（田中康雄監修・石川ミカ訳（2015）大人の ADHD のアセスメントと治療プログラム．明石書店.）

Zigmond, A. S. & Snaith, R. P.（1983）Hospital Anxiety and Depression Scale.（北村俊則訳（1993）HAD 尺度．精神科診断学，4; 371-372.）

第4章

林ケースへの質問・全体討論

I　質問タイム（プレゼンメンバー）

Q伊藤　自分がなぜこんなに苦しいのか，生きづらいのか知りたい。この病気を説明して欲しいっていうニードってすごく切実です。それを言語化できるのがすごいですね。ケース・フォーミュレーションがこのクライエントの問いに対して答える一つの枠組みとして役に立つと思います。これについて彼女はどう理解しているのでしょうか。

A林　この方は理解力が高く，寛容なのです。診断のうつ病，不安症，複雑性 PTSD をわかったと言ってくれました。三層評価をもう1回やってもよかったかもしれないです。その変化を見てフィードバックを聞きたかったです。しかし，この1年半で彼女の生活の様子や考え方は大きく変わっています。初診時の説明を今どう考えているかを，今夢中になっている恋愛とか勉強が一段落したら，確認してみたいと思います。

Q伊藤　ケース・フォーミュレーションに対する概念が広がりました。ケース・フォーミュレーションはクライエントと共有するものだと捉えていましたが，注目されているオープンダイアローグ，徹底してクライエントのいないところでクライエントの話をしないというのは斬新で新鮮だと思います。林先生のセラピストだけのケース・フォーミュレーションは対極にあるように感じます。オープンダイアローグに対して林先生がどう思っているか知りたいです。

A林　オープンダイアローグについては非常に面白いと思っています。

でも自分にあてはめてみると抵抗感があります。精神的な困難に対して専門家のリードが必要とされる場で私が動いているからだと思います。オープンダイアローグは専門性否定と評論されているが，とても専門性が高い技能に裏付けられています。どの治療法も場というものを選びます。今後どう展開していくかには関心を持っています。

　もう一つ，ケース・フォーミュレーションについては，専門家はまとまったことをわかりやすく説明するのが義務だと思います。まとまってないカオスのようなケース・フォーミュレーションを患者さんと共有するのは意味があるとは思えません。

Q下山　追加質問で，伊藤先生が林先生のケースの進め方から，なぜオープンダイアローグの質問をされたのかが，ひっかかります。このケース，良くなっていますね。ハチャメチャだった彼女が人と会おうとしています。生きようとしています。ずいぶん大きな変化だなと思います。林先生がクライエントを動かすような明確な介入を意図的にはしていません。オープン・ダイアローグをしたというわけではありません。でも，何かそのエッセンスに近いものを感じたから質問したのでしょうか。

A伊藤　ケース・フォーミュレーションをあえてクライエントさんと共有しないアプローチが対極的に見えたので，林先生がどう思っているかを知りたかったのです。

Q下山　林先生のいうオープンダイアローグの専門性ってどういう意味でしょうか

A林　相当トレーニングしないとできません。翻訳本に技法論が書いてあるが，すごく難しいです。オープンダイアローグの発展を楽しみにしていますが，私は自分がそのような立ち位置の対極にいると思っています。

Q田中　オープンダイアローグには私も関心があります。今回のケース，あれよあれよという間に良くなりました。入院が必要な状態でいらした方が，外来治療でODもリスカもなくなっています。

　私はEMDR（Eye Movement Desensitization and Reprocessing：眼球運動による脱感作と再処理法）を 20 年以上やってきたので，IES-R が 53 点だと EMDR の導入を考えたと思います。林先生がEMDR などのボトムアップ・アプローチを使わずにどうアプローチするか興味津々でした。病気について知りたいという説明を本人だけでなく，父親や恋人にも説明するのは，医師だからできることです。説明の仕方はそれぞれで違うのかを知りたいです。

　また，父親とは別室で会われていますね。何が起こっているかは家族関係の面からだと説明しやすいかなと思います。虐待的な母親とはなかなか縁を切れない苦しい関係ですね。父親にはっきりと「ひきこもりで遠方なのでサポートしてください」とおっしゃって，父親は訪問の頻度を増やす。その中で彼女との会話も多分あって，父親にサポートされている実感が持てました。母親の実家で祖母の真心に触れるような体験があって母親と距離を取ることができたり，恋人との出会いもありましたね。また，林先生に不快感を言葉で対応できるようになり，林先生もその信頼に応えていきました。家族関係の変化がキーかなと感じられました。林先生のお話の中には出てこなかったのでまた違うケース・フォーミュレーションがあるのではないかと思いました。何に気をつけ，なぜ良くなっていったと考えていますか？

A林　説明はどの人にもみんな同じです。裏表なしというのが私のモットーです。「病名はこうで，不安症には SSRI が効く。パーソナリティ症的なところは多々あり，これも人生の中で修行していくと治る」という話をまるっきり裏表なしでやっています。

　家族関係の変化については，療養のために役立つように関わってくださいというスタンスです。家族の関係が変化したことは多いにあるだろうと思います。何で良くなったのかは，よくわかってないので，考え直してみたいなと思います。

　治療開始前の前医師の境界性パーソナリティ障害という診断はおかしくないと思っています。対人関係も不安定だったし，とにかくリスカを高頻度でやっていたからです。やはり治療に入ったことが大きなイベントで，家族関係の変化も起きたと考えます。Collaborative Longitudinal Personality Disorders Study（CLPS）という実証研

究で境界性パーソナリティ障害と診断された人が治療に入ると１割ぐらいの人が短期間でよくなると報告されています。このケース，そのようなラッキーなケースだったのかもしれません。

Q下山　彼女が「リスカしないと不安だ」，「自分が健康になるのが嫌」というような発言をしたときに，どういう内容で，どういう意図で伝えられたのでしょうか。

A林　あれはフォローしただけです。ロジャース風の言い換えの一種です。以前本人が語ったリスカをすることで，「自分の否定的な自己イメージを確認すると，そういう作業をしてバランスを取ってたんですね」と話しました。新しい考えは導入していません。それから彼女の感じ方を肯定しました。彼女はその通りだと言っていました。

Q下山　そういうことを平気で言ってくれる人はそんなにいないです。「自分を確認したかったんですね」と言われるのは彼女にとって新鮮だったのではないのでしょうか。

　彼女は，非常によく相手の意図を汲めているところがあります。自分のことを説明もできる。いろんな複雑なものが起きている中で，「自分はこれはいい」，「嫌い」も伝えられています。彼女の生育歴やでたらめな生活時間の状況の中で，何か伝わってくるものがあります。彼女には伝える能力があります。ある意味，「優秀」と言えるところがあります。ところが知能検査の結果は高くないです。それについてはどうお考えでしょうか。

A林　知能検査の結果が低いのは学校教育を受けていない，学校にほとんど通ってないからでしょう。中学の勉強から始めて，今高校卒業認定試験を受けていて，あと一息で高校卒業認定資格をもらえる状況です。WAIS の報告書では類似がすごく強く，概念形成などの能力が高いです。潜在能力はあります。

Q下山　芸術的な感覚で生きている感じがします。感覚的な能力，嗅覚が「林先生の何かが自分には役に立つ」ということを直観的に感じ取ったのではないのでしょうか。それに居心地が良かったのではないのでしょうか。母親のことで人を信じられなかった彼女が，人を信頼できる経験ができたのだと思います。

　　ケース・フォーミュレーションに関しては，これだけいろんな情報を整理して面接の準備をしています。ベースに発達障害やPTSDがあるという診断の流れもオーソドックスな精神診断学ではないと思います。この20年で現れた新しい視点です。そういう視点も含めたケース・フォーミュレーションの作成のあり方が彼女に影響し，彼女にわかってもらえたという感覚があったと推測しましたが，どうでしょうか。

A林　私は，自傷行為やその背景を聞くことには慣れています。立派なプレゼンで，深く考えることができる素養があるなと感心して聞いていたのがよかったのかもしれません。

Q下山　情報を共有することはされていませんが，頭に入れながらやっておられたのだろうと思いました。やはりケース・フォーミュレーションの意味があるのではないのでしょうか。

A林　これから生身の母親が出てくるかもしれないと実は思っています。やはりケース・フォーミュレーションがあると全体が見渡せる自信や安心感はあります。

II　質問タイム（コメントメンバー）

Q津田　クライエントの服装や見た目，話し方などの表出を教えていただきたいです。

A林　そんなに幼いとかはなく，20歳の年齢相応の女性です。服装は普通の人より豊かな感じですが，派手ではないです。父親は会社を経営して1人でやっているので経済的にはしっかりしています。また，父親は彼女に時間を振り分けることができていて，いろいろと生活の面倒も見ています。

　　母親の実家から戻ってきたときはそれまでと態度が変わっていました。入社面接のときのように敬語を使っていました。すぐに元に戻ったけれどどうしてこんな態度をとるんだろうって思いました。何か思うところがあったのかもしれません。普段は普通の感じのいい娘さんです。

Q津田　彼女の収入，経済状況はいかがでしょうか？

A林　作品を作って売っていますが，生活の支えになる程度かどうかは

全く不明です。おそらく父親がほとんどを支援していると思います。

Q津田　この方の印象として，人とつながる力，父親，かつてのカウンセラー，児相や警察に行ったり，自分で動く力，また自分を理解する力が非常に高いように思います。ただし，20歳という年齢を考えるといいのかもしれないですが，実際の社会生活スキルはどうかも気になりました。この方のお得意でない部分とか情報があれば知りたいです。

A林　それはたくさんあります。話を聞いていて危なっかしいところは多々あるのですが，踏み外さない感覚を私は持てています。面接では乱れるけれど，すぐに自分を取り戻せます。感情失禁まではいかないけれど，泣き濡れることもありました。基本的に親密な関係を求める外向性はあります。何かあると身を引くとか，何かあると逆上して相手に攻撃をするところは目立ちません。今の彼氏とも長くは続かないけれど，うまく別れられるという予感はあります。もう次の人を探し始めている感じがします。良く言えば思慮深く，幅のある感じ方ができる人です。

Q吉村　BPDは治療に入るまでが難しいことが多いです。初回面接が2時間半におよび，1時間半の面接と心理尺度3セットの位置づけのすばらしさが具体的にわかりました。クライエントの，生きづらさを説明して欲しいというニーズに初回に答えられたのが肝だったのではないでしょうか。多層にわたるアセスメントが奏功したと思われますが，いかがでしょうか。

A林　それはそう思います。この2～3年，3セットをやるようになって治療の継続率がぐっと上がりました。クライエントはお土産をもらったように感じるのでしょう。こちらも手応えを感じます。先ほどこの評価は一般的じゃないというコメントがありましたが，今，多くの人がこれを考えています。パーソナリティ障害や発達障害のことをやっている人たちは全部評価しないと駄目なんじゃないのという具合です。これに関する実証研究もだんだん増えています。パーソナリティ障害を中心に発達障害を見ようという研究がこれからどんどん増えてくると思います。私もこの方向に自信を持っています。だから患者さんたちも手応えを感じて帰ってもらえるのだと思います。コロナ禍で

新患がほとんどいない時期だったので，充分時間をかけて面接できました。それがラッキーだったという事情はあります。

Q吉村　ケース・フォーミュレーションは共有はしてないということですが，クライアントにはどの辺をポイントにして伝えるのでしょうか。

A林　だいたい3セット評価で診断をつけて，それを基に話をします。自記式なので，これからの情報で変わる可能性があることも伝えます。たとえば彼氏と喧嘩して警察が何度も呼ばれる，自殺未遂をするといったことになるとBPDにするというように変わる可能性があります。暫定的だけれど私はこう思っているし，治療の方法はこうで，という話をします。お薬は効くけど大した力にならない。さまざまな手立てを駆使して少しづつ前進すれば道が開けると話します。

Q下山　患者さんにとって何がお土産になるのでしょうか。

A林　3セット評価を要約して作成した成績表みたいなものをプリントして渡します。質問があればしてくださいとお願いします。患者さんもいろいろいて，質問紙の記入が20分で終わる人もいれば1時間かかる人もいます。努力の見返りが欲しいと思うはずなのでその結果の成績表がお土産というわけです。

Q岡野　林先生はサイコセラピーマインドを持った精神科医の理想型です。精神分析に惑わされることなくされています。今回のケースでは多軸診断みたいなものをされていましたね。発達障害を考える場合には，結局みんな発達があるよねと多軸的にやらないといけません。重ね着症候群的にやりましょうよと話したことがあり，ASDを持っている人はほかにもいろいろ持っているから，多軸診断そのものがフォーミュレーションになっていてわかりやすいです。

　介入でケースが変化して良くなる場合，その多くは原因不明だと思います。林先生もどうやって良くなったかわからないというスタンスがあると思いますが，それがいいですね。ケースの経過が変わっていくと母親の実家に3週間いたり，環境調整によってリセットされて生まれ変わることがあります。新しい出会いなどで，新しい視点が与えられて良くなっていくのです。それを目を細めてよかったねと見守っ

ている先生のイメージがあり，先生の度量を感じました。

　　自傷行為に関するマネジメントは，病院でも対応が異なると思いますが，自傷が激しいときにはどう対応していますか？

A林　自傷行為のマネジメントは大問題ですね。私は慣れているのですが，やはりチームでやるといろいろな意見が出ます。リスカのような自傷行為を生理的に受け入れられないスタッフもいます。チームは力の源ですが，対応についてはその場に依存しています。ケースによっては自殺する可能性もあって，危機管理に走り回らねばならない場合もあります。入院させたり，親に連絡したり，そういったドタバタも含みでやっています。

　　自傷行為のマネジメントについては，本人もコントロールできませんし，私達もコントロールできないことがあるので，それこそアイデアを振り絞ってさまざまな手を打って対応します。そしてその打つ手はその場のそのチーム次第ということになります。

Q岡野　母親を遠ざけるのは大事ですが，トラウマ的なケースの場合，どういう点で工夫されましたか？

A林　母親を遠ざけることは一つの課題です。私の経験からして，虐待のケースでこのようにあっさり母親と距離を取ると宣言して距離が取れる人も珍しいです。だいたいは巻き込まれてぐしゃぐしゃにされ，もう一回距離を取るということの繰り返しです。この人は違うのが際立った特徴です。だから本当に立派な人で，敬意を抱いています。もちろん母親が完全に悪者だという説はとりません。母親とも協力できる面があるかもしれません。

Q岡野　オープンダイアローグの話が出ましたが，リフレクティングは面白いですが，決して患者さんを傷つけるような発言はしないことですね。専門家の話を患者さんが聞いて傷つくようなことはおかしいと思います。ドロドロした面まで洗いざらい話すようなことってやっぱり患者さんにもちろん無理なのですが，もうちょっとソフィスケイトされた感じで，フォーミュレーションをするっていうときには，患者さんもそこに入っていいのではないかっていうようなことを，オープンダイアローグについて思いました。ちょっとバラバラになってしまいましたが最後に時間があったら一つ,彼女はBPDなのでしょうか？

　　私は BPD っぽくないと思います。それはスプリッティングみたい
なこともはっきりしないし，他罰化もあまりないし，見捨てられるこ
とに対するしがみつきもないから BPD ではなくて，CPTSD ではない
でしょうか？　クロアトルが言ってるように，CPTSD と BPD は別物
だよっていう感じで，ひょっとすると BPD ではないのかなって。ち
ょっとここら辺を聞きたいです。

A 林　診断については保留です。私との治療の経過では BPD といえない
と思います。しかしこれからどうなるかわかりません。オープンダイ
アローグについては技法がキチンと定められていることを最近知って
随分安心しました。以前は，私がコントロール優位というか，自分が
統制されていないと不安なところがありますので，ダイアローグに対
して不安，恐怖というか，これで大丈夫かなという思いがありました。
　　個人的には，治療スタッフが患者さんの悪口を愚痴で言ってもいい
と思っています。でも患者さんについて否定的にいう同業者に対して，
それは差別的だと怒りを覚えることはしょっちゅうあります。それ
も考えは変わるだろうから保留だと心の中で整理しています。私自身
がそういう状況にあるものですから包み隠さず話すという場では，誰
かが傷ついてしまう恐れはあるようにまだ感じています。

Q 岡野　どれか一つに決めないところが良いところだと思います。謙虚
さも含めて林先生のすごい持ち味です。

Ⅲ　全体討論

伊藤　クライエントは林先生との関わりをどう体験として捉えているの
でしょうか。これがこのケースが変化している核となると思うので。

林　それはわかりません。父親によると私と，今も関わってくれている
高校 5 年生のときの担任は，褒めてくれて叱ってくれる人だから信頼
できるといっているということです。褒めて叱られた人，だからその
2 人は信頼していると言っているようです。

下山　ケース・フォーミュレーションがテーマなので，あらためてこのケ
ースでケース・フォーミュレーションを出した意図を教えてください。

林　このケース・フォーミュレーションは，治療のための資料のデータベースです。この3月まで私は教育機関にいたので，若い先生たちに視野を広く情報を集め治療プランを作ってほしいと思い作成したものです。

下山　医師の中でも診断をするというアルゴリズムでやっていく方法もあると思います。それに対して最近では，ケース・フォーミュレーションで情報を整理して治療を進めていく方向になっているのでしょうか。

林　そうなってほしいですが，十分には普及していないようです。私は必要に迫られて，イールズのケース・フォーミュレーションと自分たちの経験をもとにフォームを作ったのです。APA（アメリカ心理学会）はケース・フォーミュレーションに関連するたくさんの本を出版しています。イールズなどは，もっとシンプルなものも提示しています。いろいろな人が工夫をして自分が使いやすいように作ったらいいでしょう。私のは重厚長大です。

下山　先生とクライエントとのやり取りの背景にある戸棚には，問題を理解するうえでの情報が詰まっていると感じました。

林　ぐちゃぐちゃになっているが，引き出しを開けて探すと見つかるかもしれないというイメージです。イールズのケース・フォーミュレーションもそういうものです。

津田　このクライエントはいいタイミングでいい刺激を受けるとどんどん良い方向に変わる可能性があります。先生とのつながりはいつまで持てるのでしょうか。今後の支援についてはいかがでしょうか。

林　だいたい病院なんて辛気臭い所ですから，もう必要ないと思ったら来なくなります。そうなるといいと思います。ただ一つ警戒しているのが恋愛関係です。BPDの人たちがめちゃくちゃになるのは恋愛が多いのです。Bさんは20歳前後だし，まだまだ油断できません。とんでもない男性に翻弄される危険もあり得ます。

　医療はいい加減にできているのがありがたいです。本人が受診したければいつでも受け入れる体制になっています。治療から遠ざかっていても彼女が希望すればいつでも相談にのり，援助できます。

第5章

慢性うつ病に対するスキーマ療法

ケース・フォーミュレーションを中心に

伊藤絵美

伊藤　洗足ストレスコーピング・サポートオフィスの伊藤と申します。今日は慢性うつ病に対するスキーマ療法で，特にケース・フォーミュレーションを中心に事例をご紹介していきます。流れとしては「I　スキーマ療法（Schema Therapy：ST）とは」，「II　【SISTAR*CD】（慢性うつ病の臨床研究）について」，「III　ST におけるケース・フォーミュレーションとは」，「IV　事例紹介：慢性うつ病に対するスキーマ療法」，「V　考察」という感じで進めていきます。

I　スキーマ療法とは

　スキーマ療法の事例を紹介するので，まずは簡単にスキーマ療法についてレクチャーさせていただきます。スキーマ療法は，米国の心理学者であるジェフリー・E・ヤング（Jeffrey E. Young）先生が構築した，認知行動療法を中心とした統合的な心理療法です。ヤング先生は 2021 年 11 月に亡くなった認知療法の創始者アーロン・T・ベック（Aaron T. Beck）がスーパーバイザーだったので，ベック系の認知療法，認知行動療法のトレーニングを受けています。

　ベックの認知行動療法は元々うつ病を対象に構築されたものですが，ヤング先生が境界性パーソナリティ障害（Borderline Personality Disorder：BPD）の方々にも適用するために，ベックの認知療法を拡げて深めた形でスキーマ療法を作りました。私的にはスキーマ療法のキーワードは生きづらさだと思っています。実際，スキーマ療法は，BPD のみならず，ほかのパーソナリティ障害，難治性や再発を繰り返す I 軸障害，その

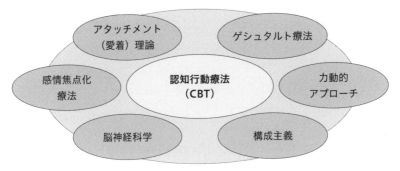

図1　統合的アプローチとしてのスキーマ療法

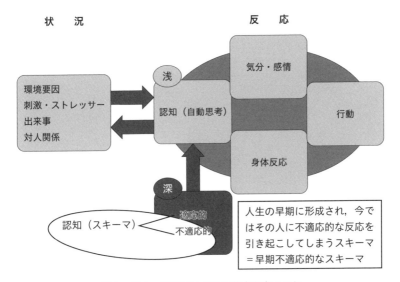

図2　スキーマ療法はどこに焦点を当てるか

他さまざまな心理社会的問題や生きづらさを抱える当事者に対する有力な心理療法アプローチとして世界的に注目されています。

　イメージ的には認知行動療法が中心にあって，理論的にはアタッチメントですとか，基本的にはゲシュタルト療法とか，そういったものがくっついて統合されているような感じです（図1）。

　スキーマ療法で焦点を当てるのはスキーマです（図2）。このスキーマとは何かというと，認知構造というふうに訳されますが，認知行動療法的にはその瞬間，瞬間に頭をよぎる認知を自動思考と呼ぶとすると，その背景

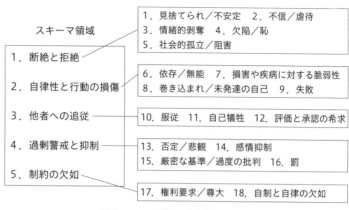

図3　18の早期不適応的スキーマ

というか，元々その人にある想いみたいなものをスキーマと言います。特にスキーマ療法で焦点を当てるのは早期不適応的スキーマです。人生の早い段階，幼少期とか児童期，思春期の早い段階に元々は適応のために形成されたものが後々，それを抱えていることでかえって生きづらくなる，そういうスキーマのことを早期不適応的スキーマと呼んでいます。

　ヤング先生が定式化した18のスキーマがあります（図3）。「見捨てられ／不安定スキーマ」，「不信／虐待スキーマ」など，18の早期不適応的スキーマがあります。その18のスキーマは左側に5つのスキーマ領域があり，1：断絶と拒絶，2：自律性と行動の損傷などがあります。少し補足すると中核的感情欲求といって，人間であれば，特に子どもであれば満たされてしかるべき感情欲求を5つ想定して，その5つがそれぞれ満たされないとそれぞれの領域のスキーマができるという想定です。

　たとえば1番目の中核的感情欲求が「安心安全なアタッチメント」です。安心安全なアタッチメント関係が欲しいのに，そこが損なわれてしまうと，1番目のスキーマ領域，断絶・拒絶という名前がついている，そこの領域のスキーマができます。2番目を飛ばして3番目でいくと，これは今日の事例にも関わりますが，3番目の元にある中核的感情欲求は自分ファースト，私の感情，私の欲求，私の思いをまず大事にしたいのに，そこが満たされないと3番目の他者への追従，要は自分ファーストじゃなくて他人ファーストになって，たとえば「服従スキーマ」，「自己犠牲スキーマ」など

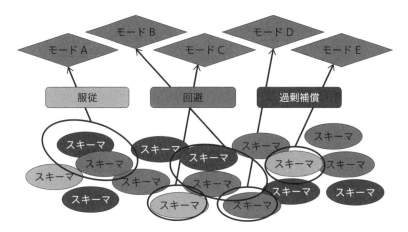

図4　「早期不適応的スキーマ」と「コーピングモード」と「モード」の関連図

がある構造になります。

　この部分をちゃんと説明しようとするとドツボにはまるので，今日は簡単に言ってしまいますが，今申し上げた通り 18 のスキーマが想定されていて，そのスキーマに対してコーピングスタイルがあります（図4）。そのスキーマの言いなりになるのを「服従」といいます。そのスキーマは持っているときついので，それが活性化されないように避けようとする，そのスキーマによる心の痛みを抑え込むのが「回避」。「過剰補償」はそのスキーマに対する逆ギレみたいな感じです。たとえば見捨てられスキーマを持っている人が自分からどんどん人を見捨てていくみたいなのが逆ギレです。ですから同じスキーマがあっても，それに服従するか回避するか，過剰補償するかによって，その人の行動や状態が全然違ってくるという考え方があります。

1．4領域& 10 のスキーマモード

　その時々のその人の状態のことをモードと呼んでいます。スキーマがぶら下がっている根っこだとすると，それにどう対応するか，すなわち服従するか，回避するか，過剰補償するかによって，その時々のモードになると考えるのがこのスキーマモードのモデルです。

　モードに関しては4つに分類をします。1つ目がチャイルドモードで，子ども状態になっている。2つ目の非機能的コーピングモードが，さっき申し上げた服従や回避，過剰補償にとらわれているモードのことです。3

つ目が非機能的ペアレントモードです。特に幼少期に周りの大人や周りの人に吹き込まれたメッセージに乗っ取られている状態のことを非機能的ペアレントモードと言います。4つ目のヘルシーアダルトモードは健全な自我状態のようなものです。現実的だけど温かい，そういう大人の健全な状態のことをヘルシーアダルトモードと言います。

　早期不適応的スキーマの考え方でいくと，スキーマ療法の目的は，まず自分のスキーマに気づくことです。そしてそのスキーマが自分を生きづらくさせるなら弱めることです。モードで見ていくと，ヘルシーアダルトモードを強化しましょうということです。自分の中のチャイルドを適切にケアして，非機能的コーピングモードは，コーピングなんですが非機能的なので，「もういいよ」とちょっと引退してもらう。非機能的ペアレントモードの声に乗っ取られちゃうと，チャイルドがすごく傷つくので，非機能的ペアレントモードにも退場してもらいましょうというアプローチをとります。

2．スキーマ療法の4つの治療戦略

　それから，スキーマ療法は4つの主な技法を使います。認知的技法はCBT，認知行動療法と全く一緒です。そこにプラス，イメージなどを使ってより感情を動かしていく体験的（感情的）技法，行動変容技法があります。また，治療関係に関しては，もちろん認知行動療法でも重要でチームを作っていきます。「協同的実証主義」「協同的問題解決」という言い方をしますが，要はコラボレーションを作っていくことだとすると，スキーマ療法で一番重要な治療関係のキーワードが「治療的再養育法」というものです。コラボレーションというよりかはセラピストがクライエントのチャイルドに対して，健全な育て直しをするような関わりをする，ないしはクライエントのヘルシーアダルトモードが自分の中のチャイルドモードに対して，健全な育て直しをする。要は満たされなかった欲求を満たしていくアプローチを取ります。

　スキーマ療法の全体の流れはCBTと全く一緒で，前半がいわゆるケース・フォーミュレーション，後半がいろいろ動かして変化させていくフェーズです（図5）。

　モードワークという技法があって，クライエントさんが変化するきっかけになります（図6）。今日ご紹介するケースもそうですが，前述したヘル

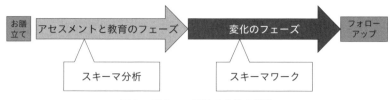

図 5　スキーマ療法の全体の構造

○「ヘルシーアダルトモード」と他のモードとの対話のワーク（モードワーク）を
　行う。具体的には，「ヘルシーアダルトモード」が，クライアントの「脆弱なチャ
　イルドモード」を癒し，「非機能的ペアレントモード」を撃退し，「不適応的コー
　ピングモード」に別れを告げる。そして「幸せなチャイルドモード」を育む。

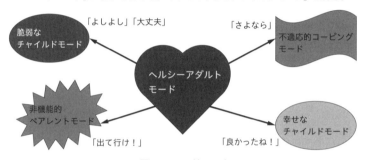

図 6　モードワーク

シーアダルトモードが司令塔として機能できるように強化して，特に脆弱
なチャイルド，泣いていたり不安だったりするチャイルドに対して，よし
よし，大丈夫というようなケアをしたり，非機能的ペアレントモードに関
してはもういらないですと，不適応的コーピングモードに関してはコーピ
ングだけれども不適応的なので引退してくださいと対応していきます。ハ
ッピーなチャイルドに対しては一緒に喜ぶ関わりを，モードという概念を
もとにしていきます。

3．スキーマ療法の広がり

　スキーマ療法に関しては，BPD だけではなくパーソナリティ障害に焦点
を当てたランダム化比較試験（Randomized Controlled Trial：RCT，以
下 RCT）の臨床試験が行われています。今日ご紹介する事例も私たちが実
施している臨床研究での事例で，慢性うつに対してのスキーマ療法の効果
を調査，研究しています。そのほか，最近注目されている複雑性心的外傷

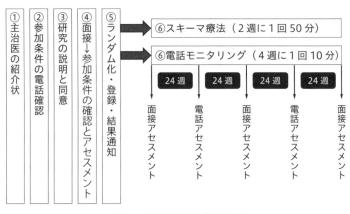

図7　SISTAR*CD の全体の流れ

後ストレス障害（複雑性 PTSD）や，解離性同一性障害に対する臨床研究も開始され，グループスキーマ療法が世界的にすごく注目されています。また，医療だけでなく，刑務所や，日本だと医療観察法病棟のような司法領域で実践されるようになってきています。さらに子どもや思春期を対象としたスキーマ療法の実践も開始されていて，いろいろ拡がってきているという現状があります。

II　SISTAR*CD とは

　今日は前述のように慢性うつの臨床研究，SISTAR*CD と略して呼んでいる研究の一環で行われた事例をご紹介しますので，この研究に関しても簡単にご紹介します（図7）。

　RCT でやっています。参加してきた方はコンピュータで割り付けが無作為に行われて，スキーマ療法群か，あとは電話カウンセリング，電話モニタリング群と呼んでいますが，そこに割り付けが行われます。対象は40から65歳までの3年以上うつ病の診断で寛解に至っていない女性の方です。半年に1回アセスメントが行われています。アセスメントで行われるのはアウトカムが抑うつの研究なので，抑うつ症状の重症度で HAM-D（ハミルトンうつ病評価尺度）と BDI-II（ベックうつ病調査票）を使っています。なぜ慢性うつに対して私たちがスキーマ療法の臨床研究を始めたのか

というと，疫学研究で単発のエピソーディックで割と寛解しやすいうつ病
と，どうも薬とか通常の認知行動療法がなかなか効かない慢性うつとに分
かれることがだんだん見えてきて，慢性うつの方の病因として人生早期の
逆境体験，パーソナリティ，認知的要因，対人関係が挙げられています。
スキーマ療法の慢性うつに対する心理療法のメタ分析によると，心理療法
の効果を高める唯一の要因はセッションの回数だという研究があります。
要するにたくさんセッション数があって，フォローアップを長く取った方
がいいよということで，短期の治療ではなく，それなりに長期的なセッシ
ョン数の多いセラピーの方がいいということが見えてきたわけです。とな
ると認知行動療法は基本的に短期でやっていきますが，スキーマ療法は初
めから長期的な経過を想定していきます。ですから慢性うつに対して効果
があるかもしれないと始めた研究です。

　今日の事例は，たまたまスキーマ療法に割り付けられた方の経過につい
てです。トータル 96 週，月に 2 回，2 週間に 1 回セッションが行われて
いるので 48 回までのセッション数が想定されています。2 週に 1 度来てい
ただいて約 2 年間，マックスで 48 回のセッションを行っていきます。加
えて私が書いた『自分でできるスキーマ療法ワークブック』（伊藤絵美, 星
和書店，2015 年）というスキーマ療法のワークブックがあって，それを
使ってワークブックに沿って進めていく流れです。基本プロトコルとして
は 3 段階で，まず心理教育やお膳立てです。スキーマ療法はわりと侵襲性
が高いので，まず先に安全を確保するためのワークをします。次に 2 番目
が過去体験をヒアリング，共有したりですとか，スキーマとかモードの理
解と概念化をしていきます。この 2 番のところがケース・フォーミュレー
ションに当たると私たちは考えています。そのうえでいろいろ新しい変化
を起こしていくのが 3 番目になります。

Ⅲ　CBT，ST におけるケース・フォーミュレーション について

　ケース・フォーミュレーションについての私の考えは，認知行動療法に
おいてもスキーマ療法においても概念化というケース・フォーミュレーシ
ョンが不可欠だという立場です。特にケース全体の流れの中の前半部分で，

ケースのことを理解して，それを共有していく作業のことをケース・フォーミュレーションと呼んでいます。ですからクライエントの抱えている問題や課題を認知行動療法だったら認知行動療法，スキーマ療法だったらスキーマ療法の理論モデルの枠組みを通じてモニターしたり，理解したり，整理したり，外在化したり，その中でそのセラピーにおける課題を同定して目標設定し，技法を選択する，そこまでがケース・フォーミュレーションだと考えています。

　もう一つ重要なのは治療関係で，ケース・フォーミュレーションをしながら治療関係を構築するのも重要な目標だと考えています。特にスキーマ療法では，治療的再養育法と呼ばれる関係をケース・フォーミュレーションをしながら築いていくということが重要だと考えています。またケースをやっていて思うのは，ケース・フォーミュレーションをする中でモニタリングできた自分の体験に非常にマインドフルになっていくということです。このモニタリングとかマインドフルネスは変化というより気づきの効果で，この気づきによって得られる副効果は計り知れず，こちらが介入しなくても気づきの中でどんどんクライエントさんが変化して終結するケースも少なくないと感じています。

Ⅳ　事例紹介：慢性うつ病に対するスキーマ療法

　では実際に事例を紹介していきます。クライエントはAさんです。ご本人の許可を得てファーストネームも後で出てきますが，今日はAさんと呼びます。ケース開始当初47歳，女性。夫と2人暮らし，その時は専業主婦でした。精神科の通院はX－7年から開始，診断はうつ病です。SSRI（選択的セロトニン再取り込み阻害薬）を中心とした，抗うつ薬主体の薬物治療をずっと受けていました。この研究にエントリーしたのは主治医の勧めであって，本人は積極的ではありませんでした。エントリーの結果，たまたまスキーマ療法群に割り付けられました。

　初回冒頭でスキーマ療法についての心理教育的な説明をして，「2年間よろしくね」という話になりました。この研究のプロトコル上，初回と第2セッションでざっくりと今の生活状況とこれまでの生活歴を聞いた後にすぐワークブックに入ります。ざっくりと聞いた感じでは，外的には適応が保た

れていて，短大を卒業して就職し，結婚して主婦になっているという感じですが，ちょっと聞いただけでも生育家庭における家族関係が不安定で，ずっと楽しくなかった。さらに8年前に結婚して7年前からうつ病で通院しています。どうも夫が，「俺様」的な夫で，その夫にずっと気を遣い続けているってことが見えてきて，小児期逆境体験（Adverse Childhood Experience：ACE）や複雑性トラウマというワードが私の方にも浮かんできました。

　余談ですが，女性を対象にした慢性うつの臨床研究をやっていると，表向きはうつですけど幼少期や思春期に逆境体験として虐待などを経験している方がすごく多いです。さらに結婚生活がうまくいっていない方がすごく多い。幼少期，思春期に原家族で傷つき，さらに結婚生活で傷ついている方がすごく多いということを実感しています。この方もそうでした。

　面接過程はプロトコルに沿って前述したように3つに分かれています。1番目が心理教育やお膳立て，そして安心安全の確保。これが9回のセッションで約4カ月でした。ケース・フォーミュレーションに該当すると私が考えている2番目では，スキーマの元となる過去のいろんな体験をシェアさせてもらいます。そしてどういうスキーマやモードが主にあるのかを理解していきます。ここは約11カ月でセッション数にして18回ぐらいです。今日は2番目を主にご紹介していきたいと思っています。そのうえで3番目では，モードのワークをやったり，よりハッピーになれそうなスキーマを見つけたりと変化を起こしていく段階が最後の約8カ月でした。

　まず1番目の心理教育とお膳立ての理解は割と良かったです。この心理教育でまず何をするかというと，モードの話も全部お伝えして，特にチャイルドモードをすごく大事にするという話をします。だから呼び名を決めるんです。彼女の許可を得てみなさんに呼び名をご紹介しますが，チャイルドを「さっちゃん」と呼ぶことを一緒に決めました。さらにヘルシーアダルトモードもすごく重要なので，それには「さちえさん」という名前をつけました。

　さちえさんとセラピストの伊藤が「さっちゃん」をいかに大事にしていくかがスキーマ療法の肝になります。その一環として私がスキーマ療法のケースすべてでやっているのは，アロマで香り付けしたコットンを毎回差し上げたり，かわいい綺麗なビーズを差し上げることで，何とかこのチャイルドにアクセスするということを試みています。そのほか，スキーマ療法では結構ぬいぐるみを多用するので受付にいろんなぬいぐるみがいま

す。たまたま話の中で，幼少期に母親にぬいぐるみを捨てられてすごく悲しかったという話が出てきました。カウンセリングルームや受付のなかから「さっちゃん」が気にいったぬいぐるみ二体がありました。さちえさんはその2つのぬいぐるみを抱っこしながらセッションを行うことになりました。ぬいぐるみは「膝ネコ」とか「膝ワンコ」といって，ちょっと重みがあるので，太ももの上に置いて撫でながら話ができます。

　夫がちょっと巻き込み型で，彼女にケアを求めるような働きかけがすごくあって，酔っ払って帰ってきて気が済むまで愚痴を言う。その間ずっとさちえさんが寝られないみたいなことが続いていて，そうすると明らかに状態が悪くなるので，そこはちょっと現実的な介入で，もう私（伊藤）に言われたからということで，話を聞くのは12時までみたいな，そういう限界設定みたいな介入を行ったりもしました。

　お膳立てに関しては，彼女はものすごく賢い人でモニタリングやマインドフルネスはすぐにできるようになりました。それから，スキーマのワークをする前後には安心安全を確保するために儀式をします。彼女がそのイメージに選んだのはカンガルーの赤ちゃんのイメージで，お母さんのポッケに入って安心しながらドキドキワクワクするイメージと，あとは差し上げているアロマの香りを嗅ぐことで安心と安全を確保するということを用意しました。

　見づらいかもしれませんがワークブックの一番最初にやるワークです（図8）。生きづらさがキーワードなので，今自分がどんな生きづらさを抱えているかを外在化していきます。矢印で引かれた部分は終結のときに彼女が追加で書いたコメントで，枠の中の部分が一番最初に書いてくださった生きづらさの部分になります。全部は紹介できませんが，たとえば「どういうことに悩みやすいか？」という問いに関しては物事を選択，判断するときとか，就職活動とか金銭面とか家族との関係性に悩みやすい。「生きていくのが大変しんどいと感じるのはどんなときですか？」では，日々の生活がしんどい，これから先のことを考えるとしんどいとあります。この方は主婦ですが，家にいるときがしんどくて，慢性的につらいのがわかる内容が書いてありました。

　ほかにも冒頭でやるワークに，私たちは心の回復力を持っているので，それもイメージしてみましょうというものがあります（図9）。これも矢印

多目的シート

2017年 12月 14日（木）

赤、
2019.10.24 追記

ID：

ワーク1-1　「生きづらさ」に気づきを向ける
（8-1）

問1　自分はふだんどういうことに
　　　悩みやすいか？

・物事を選択・判断する時
　（自分がどうしたいのか）→少し改善. さっちゃんと相談
・就職活動→2018.9より過去 訓練開始
　　　　　1年経過
・金銭面 まだまだ！
・家族との関係性
　　→母とは少し話せなくなった
　　　無理して（頑張って）連絡しなくてもOK
　　　と思える様になった
　　→妹も 頑張ってくれている

・自動思考が多くてふりまわされる
・なかなか一歩を踏み出せない
　（ベストな状態を求めすぎ）
　（やりながら改善が出来ない）
・自分は 大丈夫なのか？
　（機能的に不安、集中力のなさ、など）
　　　　　　　　　　　　2018/03/頃

問2　「生きていくのは 大変、しんどい」と
　　　感じるのはどんな時？

・日々の生活 →体調が悪い時　気分は
　　　　　　　　　　　　　あまり落ち込まない
・これから先のことを考える時　あまり先まで
　　　　　　　　　　　　　考えないように
　　　　　　　　　　　　　なった. かな？
・家に居る時
　　→昔より気が病まる様になった

問4　これから先の人生について
　　　どんなことが心配？

・自分がいつになったら現状
　から回復できるのか
・主人の心身
・経済的なこと
・就職活動
　（ちゃんと働けるか）
・両親・姉のこと

・もう永遠にこのままでは
　ないのかと思う→不安と
　絶望感。
・押しつぶされる
・こんな状態の自分が生きて
　いる価値はあるのか？
　　　　　　　　　　2018/03/頃
　↓
・価値がない…という考え方を
　あまりしたくて来る
・不安はあるが 絶望感は
　ない。
・今より良くなればいいと思って
　いる

問3　過去にどういう時に悩んだり
　　　苦しんだりしたか？

・家族との関係
・仕事
・自分の性格
　優柔不断→まだまだ！
　人の影響を受け易い
　　→だいぶ改善されてきた
　　が、まだまだ巻き込まれることは
　　あるので、気をつけなければ……

問5　人生に求めていること
　　　求めているのに まだ得る
　　　ことができてないこと

・安定（精神的・経済的）

※ 「落ち着く」という感覚、幸福感？　2018/09/頃
・昔のように、どこにいても、いつも
　気が病まるない、ということは
　少なくなった。
・嬉しい、楽しい、楽しみたい、という
　気持ちも感じている

図8　「生きづらさ」に気づきを向ける

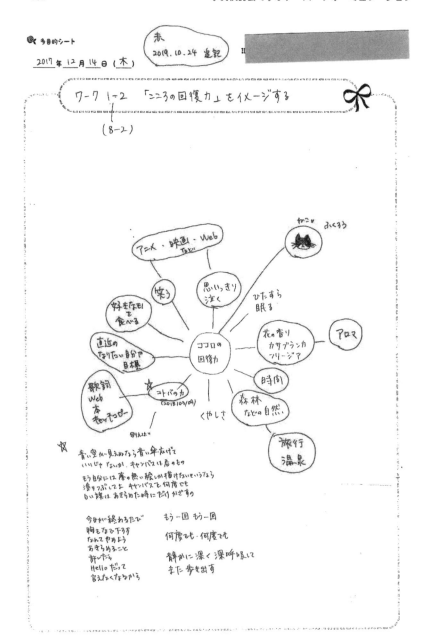

図9 「こころの回復力」をイメージする

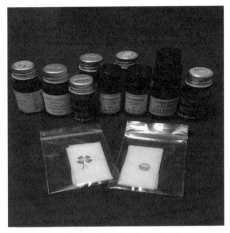

図10　毎回，差し上げていたアロマ

図11　さまざまな用途に使えるビーズ

で引かれた部分は2年後に足されたもので，最初は少なかったです。思いっきり泣く，ひたすら眠る，花の香り，時間，自然，言葉の力，悔しさ，このあたりが最初に書いてくださった回復力のイメージでした。

　毎回，小さいコットンにアロマの香りを入れて差し上げています（図10）。治療的再養育法的なイメージだとおやつをあげるみたいな感覚です。こちらがいろいろ用意して差し上げて，それをクライエントが嗅いでいい匂いとか，これあまり好きじゃないとか，そういう反応をもらっています。どうしてこの方法なのかというと，移行対象みたいな感じで持ち歩けるからです。

　ビーズは私のスーパーバイザーのジョアン・M・ファレル先生に教えていただきました（図11）。香りは消えるけれど，自分のチャイルドに見立

図12　ぬいぐるみが大活躍！

てたかわいい綺麗なきれいなビーズを見ることでチャイルドにアクセスする，あるいはセラピストにもらった移行対象として機能します。クライエントにもけっこう喜んでもらっています。

　そしてぬいぐるみです（図12）。特にこのケースでもそうなのですが，ちくわちゃんというネコのぬいぐるみが何かみなさんの琴線に触れるようで，好かれています。「さっちゃん」の場合は，このちくわちゃんと犬のプーちゃんをいつも抱っこしたり，膝の上に置きながらセッションをやっていました。余談ですが治療的再養育の心理教育で，養育してくれるイメージとして，ムーミンママやパパ，バカボンのパパも使ったりします。

　メインのケース・フォーミュレーションでは，特に早期不適応的スキーマなので，人生の早期の体験，スキーマの元になっている体験をシェアしていきます。ここで重要なのが，単に何歳のときにこんなことがありました。ではなく，感情レベルでその方のスキーマを理解する必要があります。悲しかったことだったら悲しい感情とともに想起してシェアしていくので，若干ナラティヴ・エクスポージャーみたいな感じとも言えます。そんな感じでシェアしてスキーマを同定し，マップという言い方をするのですが外在化していきます。そのスキーマやモードを外在化したものがいかに普段自分の中で自分を動かしているのかということをモニタリングして，理解していきます。

　イメージしやすいようにヒアリングされたことの一部をご紹介します。

　原家族は両親と 3 歳上の姉との 4 人家族。父親がどうも仕事を続ける能力の低い方，お金を稼げない人。それで母親がすごく頑張って働いて，家にお金を持ってくるということが物心ついてからずっと続いていた。さらにその時の彼女がどう感じていたか，どうしていたかが記してあります。最初からうちにはお金がない，お母さんすごいという認識がありました。Aさん自身がとても体が弱く，何度も病院に行かざるを得なくて，そういう自分を責めていた。自分が悪いという気持ちと，母親に負担をかけてしまって悪いなという気持ちがあります。そして結構我慢強かったようで，我慢するとみんなに褒められるので我慢するのはいいことだと思っていたそうです。父親は仕事が続かなくてお金も稼げないけれど，たとえばランニングをさせたり，子どもに対して鍛えてやるみたいな感じでスパルタです。姉は割と体が丈夫だけれど，Aさんは貧血があって弱いのでついていけない。すると父親に怒鳴られたり，場合によってはバンと叩かれたりしていて，父は私が嫌い，こんな私はもう生まれてこなければよかったという思いが最初からあったようです。

　ほかにも彼女にとって大きかったのは，彼女が保育園のときに両親が喧嘩をして別居を始めたことです。なぜか姉は父親のところに残り，母親がこのAさんを連れて家を出た。そこで彼女がギャン泣きをしたので，結局母親は別居するはずだったのに家に戻った。これが彼女にしてみると母親にすごく悪いことをしたという自責として残っている。あのとき家を出ていれば，母は父から解放されて楽になれたはずなのに，それを自分が奪ってしまったという体験として残っている。この話をするときにすごく泣いてらっしゃいました。ですから母親に対してかなり強い負い目ができてしまっています。

　そのほかにも「え〜」と思うような話で，小学校のときに母親に促されて母親の裸の胸を舐めさせられるということが継続的に起きています。たまたまそれを見た姉に「気持ち悪い」と指摘されて止めることになったらしいのです。彼女にしてみると母親に言われたことをやっていたけれど，姉にこれは気持ちが悪いことだと言われたことが残っていると話をしていただきました。

　これもひどいと思ったのですが，小 5 から両親が外で働いて不在の時間が長くなったので，彼女が自分から夕食作りをやりますと始めて，ここか

らもう毎日，休みなく家の家族の夕食作りだけじゃなく，途中からは掃除洗濯や家事全部を彼女がすることになります。姉は，私はやらないもんと一切関与しない。この辺りから私がするしかない，これで家族がうまくいくのだったらいい。しかも親が喜んでくれる。私はこれは好きでやっているのだから大丈夫。こういう手伝いするいい子であれば私はここにいられるというふうに，言い聞かせが始まっていたことにだんだん気づいていきます。

　進学に関しても母親から家にはお金がないとずっと言われていて，高校も絶対に公立じゃなきゃダメだとか，大学に進学したいのに公務員試験を受けて就職しなさいって言われていたようです。ただ，そういう中で姉は私立の高校，短大に進んでいます。彼女には母親の人生を台無しにしたという自責があるので，どうしても従わざるを得ない。「子どもを高校や短大に行かせてくれる母はすごい」と思い続けてきたのもある種の言い聞かせです。

　彼女が40代になって初めて，本当は自分は母親のことが嫌いだと気づいてボロ泣きした話もこのときしています。その時点でこれが言い聞かせで，本当は「さっちゃん」は母親が嫌いだと気づいているわけです。

　こんなふうにじっくりといろんなエピソードを聞いて，それに対してどうしてきたか，ご自身が本当はどう感じているのかをシェアして，最終的には18のスキーマのどれがどのぐらいあるのかをリスト化してシェアしていきます。強度の高いスキーマとしては見捨てられ，孤立，欠陥／恥，情緒的剥奪，巻き込まれ，服従，自己犠牲，評価と承認の希求，厳密な基準／過度の批判，感情抑制などが挙げられました。結構たくさんあります。

　これが実際のワークブックに彼女が記入したスキーマのリストで，今日みなさんにご紹介したかったものです。元々スキーマ療法で，私自身は構造化されたフォーミュレーションのフォーマットがあるのでそれに記入してもらっていましたが，自作のワークブックを使うようになってからは白紙に自分でマップを作ってみましょうと，より自由度の高い外在化のワークに変えました。

　私も驚いたのですが，Aさんが自分で考案したスキーママップ（図13）を見ると，どのスキーマがどのくらい強くて，逆にどのスキーマが弱いとか，関連性なども一目瞭然なんです。ですからほかの方にも自分の思うよ

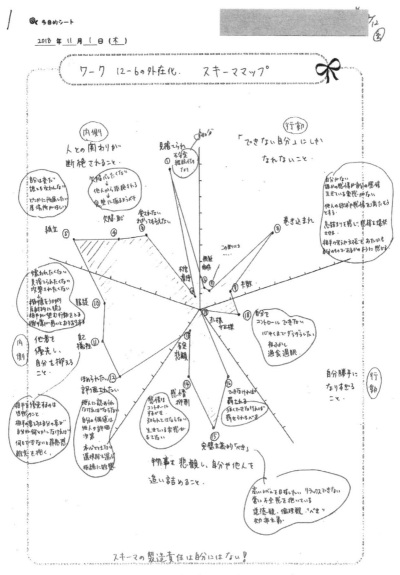

図13　Aさんが作成したスキーママップ

うにマップを描いてみてと言うと，みなさんオリジナルのマップを作って
きてくれる。その方がクライエントにとってもぐっとくる1枚になって，
クライエントにお任せすると素晴らしいものが出てくることがあります。

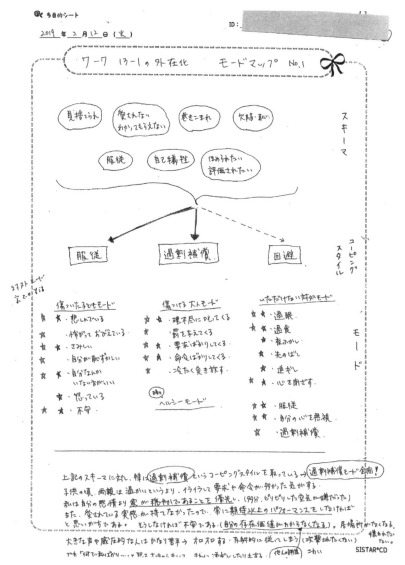

図14　Aさんが作成したモードマップ　その1

　こちらがモードマップで，2枚あります。その1の方です（図14）。上にスキーマがあって，コーピングスタイルがあって，たとえば傷ついた子どもモードにはこういう子がいるとか，傷つける大人モード，不適応的ペ

アレントモードもあります。コーピングモード，非機能的なコーピングモードとしてはこういうのがあるというふうに書いてきてくれました。

　傷ついた子どもモードは，たとえば悲しんでいる「さっちゃん」，怖がって怯えている「さっちゃん」，寂しい「さっちゃん」，自分のことを恥ずかしいと思っている「さっちゃん」，自分なんかいない方がいいという「さっちゃん」。一方で怒っている「さっちゃん」，不安な「さっちゃん」がいるよと話していきます。

　傷つける大人モードに関しては，やはり理不尽に叱る，罰を与える，要求や命令ばかりする，冷たく引き離すなどです。いただけない対処として，家にいるとき彼女は仮眠や過食，夜ふかし，先のばしをしていました。一方で一番下に文章で書いてありますが，外では私めちゃめちゃ幸せ，何もつらいことなんかないという振る舞いをして，傷ついた自分がばれないように振舞ってきた，これを過剰補償というのですが，そのことへの気づきがありました。

　モードマップの中の別のスキーマ群です（図15）。ここで傷ついた子どもや傷つける大人とか，いただけない対処モードでこういうのがあるよと説明していきます。ここで彼女は，完璧主義的なスキーマ，専門的には「厳密な基準／過度の批判スキーマ」と言いますが，そのスキーマと関連しているモードの「べきべきちゃん」がすごくいると気づきます。こうするべきだ，こうしなきゃいけないに乗っかって生きてきたのだと。

　このようにスキーマのマップとモードのマップができたので，これに沿って自分を観察して，2週間どうだったかを書いてもらうというのがしばらく続きました。

　本人もロジックが好きだと言っていましたが，すごく賢い方で，スキーマ療法のモデルに対する知的な好奇心が刺激されて，当初は感情というよりは，頭で分析して面白い，なるほどと楽しんでいるようでした。その一方で，たとえば最初のセッションでもAさんはすごく明るくてテキパキしてハキハキしていて，とてもいい子ちゃんでした。慢性うつで何年も治療を受けているような人には見えませんでしたが，ヒアリングを始めたあたりから少し涙ぐんだりすることが増えてきました。

　また，スキーマに対して気づきが増えるのと比例するかのように，俺様的な夫に今までは服従する感じだったのが，少しアサーティブに変わり二

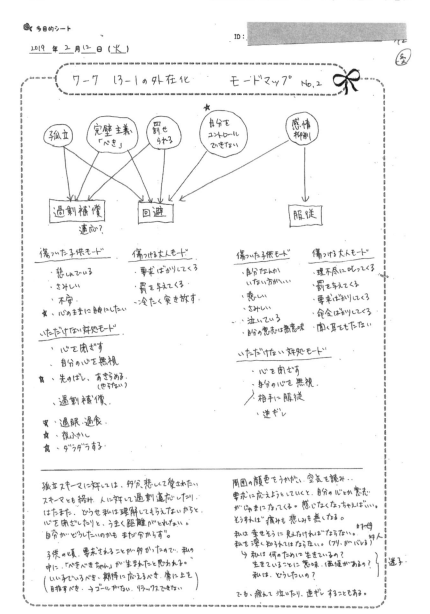

図15　Aさんが作成したモードマップ　その2

人の関係性が変わってきました。このあたりでお仕事に就かれ，仕事での
エピソードもスキーマやモードに関連付けてお話しされるようになりまし
た。「さっちゃん」によりアクセスできるようになってきて，セッションで
もこの 2 週間，「さっちゃん」がどうだったというように，「さっちゃん」
について話をする時間が増えてきました。

　「さっちゃん」は食べ物が好きで，特に果物が好きなので，大好きなスイ
カやシャインマスカットを食べてとても喜んでいたというような話ができ
るようになってきました。しかし，スキーマ療法のあるあるなのですが，
過去の傷つき体験をそのまんま振り返って感情が動いていくので，メンタ
ルヘルスが悪化することが実は割とあるのです。ということで彼女もちょ
っとうつ状態がぶり返して調子が悪くなることがこの時ありました。

　そしてケース・フォーミュレーションを経て，よりハッピーなスキーマ
を見つけたり，モードワークで動かすことがその後行われました。この辺
りで先ほどご紹介したヘルシーアダルトとチャイルドが対話するワークを
何回も行っていただきました。たとえばヘルシーアダルトが非機能的ペア
レントモードを追い出したりしました。ここで大事なのは，チャイルドの
欲求を満たすことですから，とにかくそのチャイルドの「さっちゃん」に
「どうしたの？　どうしたいの？　どうして欲しいの？」と聞いて，「さっ
ちゃん」が答えてくれたら，それをするということを繰り返し行うように
なりました。この辺りからコーピングモードの「べきべきちゃん」の声で
はなく，「さっちゃん」の欲求を満たすことが体験的に彼女はわかってき
て，「べきべきちゃん」の声に従うことが減っていきます。

　たとえばお休みの日にどうしたいか。今までだと「さっちゃん」は休み
たい，何もしたくないのですが，「べきべきちゃん」はこれしなきゃ，あれ
しなきゃ駄目ですよと言ってくるから動いてしまって，結局つらくて過食
や過眠のコーピングモードに入っていた。でも今は面白い漫画を読みたい
とか，「さっちゃん」がしたいように過ごすことができるようになっていき
ました。また，職場でも最初は服従したり，言いなりになることがあった
けれど，職場でもアサーティブに振舞ったり，断ることができるようにな
ってきました。とにかく「さっちゃん」の愛されたいところが奪われてい
る情緒的剥奪スキーマなので，「さっちゃん」を無条件に大事にして愛して
いくというところが最後のテーマだと，そこがなかなか難しいと言ってい

ましたが，私が「さっちゃん」の目の前でこれを「さっちゃん」と見立てましょうと，ちくわちゃんを見立てて，もう「さっちゃん」すごくかわいい，いてくれるだけで私はもう幸せだと，こんな感じですごくかわいがる様子を目の前でお見せしました。それで彼女がなるほどそうすればいいんだと家にあったネコのぬいぐるみで練習してもらって，それが「さっちゃん」なのよと。この辺りでやっと無条件に，抱っこしてよしよしするということが愛することだと感覚的にわかってきた。ここで「さっちゃん」が「さっちゃん」としてようやくそのまま出てきてくれるようになりました。

　夫との関係も非常に変わっていきます。私が介入しなくても，彼女がヘルシーアダルトとチャイルドで対話できるようになると，面白いことに夫の健全な部分が引き出されて夫との関係も健全なものに変わってきました。

　これが（図16）最後の最後に彼女がスキーママップを改定したもので，斜線で塗っている部分が現在のスキーマの状態を表しています。要は外側に大きく出ていたものがきゅっと小さくなっています。スキーマがなくなったわけではないけれど，このぐらい小さくなったと。面積でみると3分の1くらいでしょうか。こうやってご自分で表現してくださいました。

　スキーマ療法の一番最後に，自分を労いましょうというワークがあります。以下の文章を読んでいきます。

　「約2年間本当によく頑張ったね。始めて1年ぐらいは自分を紐解くことが面白かったけれど，途中で理解と気持ちがかみ合わなくなってきて行き詰まりを感じた時期もあったね。それを乗り越えて今少しスキーマ療法を身に付けられたと思うことができるようになった。やったね。とはいえこれからが私のスキーマ療法の新たなるスタート，セカンドステージに突入，長いお付き合いをしてこれからのハッピーライフを共に手にいれていこうね，さっちゃん。『さっちゃん』を見つけてくれたさちえさん，ありがとう。これからも『さっちゃん』をよろしくね。『さっちゃん』は悲しいことやつらいことがたくさんあったと思うけど，戻ってきてくれてありがとう。これからはたくさん愛して，たくさん大切にするね」と，すごい心を込めて読んでくださって，これで終結という形になりました。

　終結にあたって，ご本人の言葉では「さっちゃん」にはさちえさんが「さっちゃん」を愛しているということが今伝わっている気がすると表現され

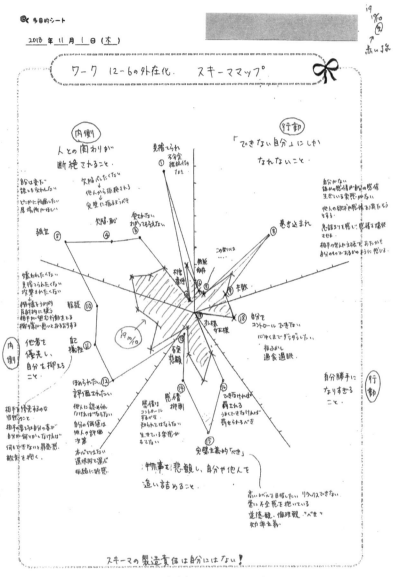

図16　改定版スキーママップ

ました。「さっちゃん」とさちえさんがタッグを組んでいる。前は苦手だった「楽しい」が出てくるようになったと，心が動くようになったという言い方をしていました。彼女は「自殺はできないから病気になって早く死

表1　アセスメントの結果

	日付	BDI-II	HAM-D	
1回目（来所）	X年11月	34p	15p	中等症
2回目（電話）	X＋1年4月	（実施無し）	18p	中等症
3回目（来所）	X＋1年10月	25p	20p	重症
4回目（電話）	X＋2年4月	（実施無し）	2p	正常
5回目（来所）	X＋2年11月	7p	4p	正常

にたい」という気持ちを慢性的に持っていたのですが，モードワークをする中で，特に「さっちゃん」が出てくるようになってから，その気持ちは出なくなったそうです。人間らしく生きられそうな気がしてきたということでした。ご本人は，まずはロジックでスキーマ療法を理解して，次にモードワークで大きく変わったと思うとおっしゃっていました。ヨモギちゃん（ネコのぬいぐるみ）をハグすると，何か自分も幸せになる，この2年間で自分が変われたことを実感できたそうです。彼女はスキーマ療法群に割り付けられて，「大変だ，電話モニタリング群の方が良かった」と最初思ったそうですが，結果的には受けてよかったと言ってくださいました。私も最後にありがとうのカードを渡して，なんとなく2人で泣いておしまいという終結になりました。

　普通のスキーマ療法のケースだとアセスメントも間に入れて結果を知ることができますが，今回のケースは研究の設計上，ケースが全部終わった後でタネあかし的にBDI-IIとHAM-Dの結果を見ることになっています。私も結果を見るまでいつもドキドキしますが，ただ蓋を開けてHAM-Dの方を見ていくと，最初は中等症ぐらいのうつが，先ほどもお伝えしましたがヒアリング中に揺れたりするので，1年経ったところで重症になることもあります。ですが，最後は正常な状態に戻り，BDIも順調に減っていることが最終的にわかったので良かったと思います（表1）。

V　考察（スキーマ療法におけるケース・フォーミュレーションについて）

　下山先生，林先生の事例発表を聞き，改めてこの事例をまとめてみて，

私なりに発見したことがありました。最初にご紹介した通り，元々私はケース・フォーミュレーションはそのケースの流れの中の前半部分，クライエントの理解や問題を理解するプロセスだと狭く考えていましたが，別に前半に限らず全体で展開される理解のプロセスそのものがケース・フォーミュレーションなのだという発見です。この事例でいくと，後半でやっとチャイルドの「さっちゃん」にアクセスできて，そのチャイルドが何を欲しているのか，あるいはどういうふうに傷ついているのかということがちゃんと感情を伴って理解できた。あるいは終結時に彼女が改めて元々あったスキーマが今こうなったよと書いてきてくれた。これも含めてケース・フォーミュレーションなのだと改めて感じました。

　もう一つは，最近特に感じているのが，ケース・フォーミュレーションは誰のものかということです。このAさんもそうですが，スキーママップやモードマップなど自分なりの外在化ができてオリジナルなものを作れるクライエントは少なくありません。そうなると著作権は私ではなくクライエントの方にあって，この発表の主体はこの方なのだとすごく感じました。少なくとも協同作業の賜物です。ですから事例検討会とかで事例を発表するときに若干の居心地の悪さを感じます。なぜなら達成したのは私ではなく，Aさんがこういうフォーミュレーションをやって，いろんなことをやって変化した主体であり主役はクライエント，Aさんだと改めて思っているからです。以上になります，ご清聴ありがとうございました。

第6章

伊藤ケースへの質問・全体討論

I　質問タイム（プレゼンメンバー）

Q林　ジェフリー・ヤングや創始者の方々も，伊藤先生の活躍をすごく
　頼もしく感じておられると思います。今日のハッピーチャイルドモー
　ドやヘルシーアダルトモードの話で，スキーマ療法の筋道みたいなも
　のがわかって勉強になりました。

　　質問は，複雑な構造のスキーマ療法をグループ療法ではどうやって
　やるのでしょうか？　またグループと個人でやる場合の関係を解説し
　ていただけると理解が深まります。

A伊藤　実際，グループスキーマ療法はあって，私のスーパーバイザー
　であるジョアン・M・ファレル先生が書いたグループスキーマ療法の
　マニュアルを私たちが翻訳しています。私自身はグループスキーマ療
　法をやりませんので，その本から学んだことでお話しすると，だいた
　い6〜8人ぐらいの当事者にセラピストが2人ついてグループで実施
　します。グループスキーマ療法の臨床研究を読むと驚くほど効果量が
　高いと書かれています。事例や論文，マニュアルを読んで納得したの
　は，治療的再養育法の効果が高いということです。おそらく一対一の
　個人セラピーだと，シングルペアレントとシングルチャイルドになり
　ますが，グループになると，それこそセラピストが2人つくので親が
　2人いることになります。そして一般的にグループ療法だとグループ
　メンバー同士の交際などを禁止することが多いのですが，グループス
　キーマ療法だと，グループになったら交流するのは当然だよねという

感じで，グループメンバー同士の交流を安全な形で促進していきます。どうもそこでグループメンバー同士が兄弟姉妹の関わりとなっていくようです。つまりグループだとお父さんとお母さんができて，しかも兄弟姉妹もできるというような体験になるらしく，その治療的再養育の効果がものすごくあるということを文献からは情報を得ています。

Q林　勉強のモチベーションが上がります。ありがとうございます。

Q田中　本当に素晴らしいケースで引き込まれるように聞いていました。Aさんのようなクライエントにお会いする機会が多いので，いろんなことを納得し，スキーマ療法の完成度の高さに感服しました。

　　　1つ目の質問は，夫のDVや父親の虐待，母親の性的虐待について前半の心理教育はどのようにされたのでしょうか。

A伊藤　彼女は夫のことは薄々感づいていて，夫は自己愛性パーソナリティ障害ではないかとちらっと言っていたので，診断はともかく，夫が俺様でそれに巻き込まれて具合が悪くなっているということは最初から共有していました。母親の方も，性的虐待は明らかですし，小5から家事を全部するというのは，ヤングケアラーであって，親がさせてはいけないことだよねと共有はしています。また，彼女自身，自分が家事をやると家族が平和だったので私はそれでいいと言い聞かせが起きていたということにも気づいていました。

Q田中　2つ目は，面接過程の最後のところで，ヨモギちゃんを抱っこして，ここで幸せなチャイルドがようやく登場すると書かれていますが，具体的にはどういう現象が変化として起こったのかご説明いただければと思います。

A伊藤　幸せなチャイルドモードに関しては，最後の最後に私がぬいぐるみをハグして「かわいいね」とやったところです。目の前のクライエントである彼女の感情が動いているのを感じたので，それが最後のきっかけになったかなと思います。ですが，本当はそれだけではなく「さっちゃん」と呼んだことです。スキーマ療法で私は名づけがすごく大事だと考えていて，チャイルドに「さっちゃん」と名前をつけて，最初はピンとこなくても私がずっと「さっちゃん」と言い続けたり，最初の宿題でチャイルドに声掛けするのもよく出します。最初から「す

ごくかわいい，愛してるよ」と言うとチャイルドがドン引きしたりするので，ただ「おはよう」と声をかけるとか，食べ物，飲み物がけっこう効くなと思っています。たとえばコンビニでおやつやランチを買いに行ったときに，大人ってけっこうカロリーや金額，栄養面で食べ物を選びがちですけれど，そのときに「さっちゃん」に何を食べたいか聞くわけです。今日何食べる？　シュークリーム食べたい，じゃあシュークリームにしようかみたいな感じで，普段からこまめな声かけをずっと宿題でお願いしていました。食べ物の質問には「さっちゃん」が答えてくれるのがわかっているので，ずっと会話をしていたのが多分種まきになったと思います。ただ，感情が動かない部分が残っていて，それが最後の最後に本当に目の前でハグしてみせたところですごい腑に落ちたみたいです。要はハグされるような体験がないからわからなかったけれど，目で見ることによってわかった。自分もヨモギちゃんをハグすると，実際はヨモギちゃんなんだけど，「さっちゃん」をハグしているように感じて，チャイルドが愛し愛される関係があることを体験的に理解できたとおっしゃっていました。

Q下山　こういうタイプのクライエントは，スキーマに触れないように生きてきたと思うのですが，それを乗り越えるための，あるいは引き込んでいくためのポイントをまず一つ教えていただきたいです。

A伊藤　やはり心理教育がすごく大事だなと思います。最初にスキーマ療法についての話を1回します。その時に生きづらさというキーワードは，頭ではなく感情的なところで理解していくことが大事なので，けっこう痛みを伴います。だから安心安全を確保しながら一緒にやっていこうと最初から伝えて，腹をくくってもらう感じです。痛くないスキーマ療法はないので，その痛みをケアしながら進めていこうとまず言います。特に過去体験を振り返る段階の前の安心安全を確保するところでは，これから痛いことをするから安心安全がすごく大事だと予告したりもします。実際始まるとやはりみなさんしんどいです。でもしんどいからやめようという感じではなくて，しんどいのはわかっているよ，だから手当てしながら進めていこうと，クライエントのしんどさにセラピスト側も引っぱられないで，そういうもんだからとい

う感じで進めていきます。

Q下山　林先生や私が前回発表したケース・フォーミュレーションとは違うものだと思いました。単に情報を取って，聞き取っていくのではなく，一緒に穴を掘っていくというか，2人でその世界に入っていく。ケース・フォーミュレーションを作る事自体が2人の協働作業だと感じました。このケース・フォーミュレーションを作るときに，生きづらさをずっと隠してきたクライエントのチャイルドやヘルシーアダルトモードをどう探したり，キャッチするのか，基準やセンサーがあれば教えていただければと思います。

A伊藤　とても難しいのですが大事な質問です。コーピングモードとヘルシーアダルトモードは混同されやすくて，コーピングモードがヘルシーアダルトモードだと誤解されてしまうことがよくあります。ドロドロしたものをこの方も隠してすごくいい子として適応してきた。それって外から見るとヘルシーに一瞬見えるけれど，実際はそうではなく，それは言い聞かせのコーピングモードだったと，彼女も気づいていきます。

　ポイントはチャイルドの欲求に沿っているかどうかです。チャイルドの欲求や感情にちゃんと気づきがあって，そのチャイルドをケアする方向に行くのであればそれはヘルシーアダルトです。しかし，チャイルドのその感情を無視する形で適応しようとしたり，平気なの，幸せなのという方向に持って行くとしたら，それはチャイルドが無視されているからヘルシーではない。多分チャイルドの中核的感情欲求に気づきを向けて満たすってことがスキーマ療法の究極的な目指すところだと思うので，そこを外さないことだと思います。

Q下山　こういう方たちのチャイルドはずいぶん傷ついているチャイルドなわけですね。だからチャイルドを見つけ，育てるのは大変な作業だと思うのですが，そこもどうやって見つけていくのでしょうか。

A伊藤　そこが先ほどの田中先生からのご質問に対する回答と重なります。傷ついているチャイルドって，最初からは出てきてくれません。一番遠ざけてきたので，傷ついているチャイルドというよりは，日常的にチャイルドにアクセスできるようになることがすごく大事です。そういう意味でまずその名前をさっちゃんと呼ぶ。呼ばれるチャイル

ドが何食べる？　という声に反応したり，傷つきとは全然別の日常的なところでチャイルドにアクセスし続けると，最終的に傷ついたチャイルドが出てきてくれるような流れをいつも心がけています。

Q下山　ケース・フォーミュレーションという以上にドラマを作っていく感じがします。

Q林　私の外来の患者さんは女性が圧倒的に多くて，男性だと打ち解けづらいようです。それで子どもの姿をさらすのはやはり抵抗があるように思います。そこをやりやすくするようなテクニックはありますでしょうか。

A伊藤　おっしゃる通り，男性の方が感情を丸出しすることに抵抗がより強いとは思っています。それでも男性のクライエントもスキーマ療法が可能で，やはり名づけがすごく大事です。名づけのときにあっさり名前をつけてくれると，そのチャイルドに話しかけやすいのですが，「え？チャイルドに名前？」みたいな感じで男性のクライエントは止まってしまうんです。そういう時はズケズケ行くのが大事だとヤング先生から教えてもらいました。こちらが引いてしまうとクライエントも引いてしまって結局チャイルドにアクセスできないからです。たとえば山田太郎さんだとすると，これからチャイルドにアクセスするときに，「チャイルドの山田さん」と言うのはおかしいので，何て呼ぶかを聞いて本人がドン引きしたら，私の方で「太郎君，太郎ちゃん，たーくん，たーちゃん？」という感じで呼び名を出します。表面上は沈黙していても，顔がもし赤くなっていたら，絶対心が動いているということなので，ドン引きせずに「じゃあ，たーちゃんと呼ぶよ」とやると，本人がボソッと「あの，たーくんです」と言ってくれたりする。最初は引かれるけれど，そこでこちらが怯まず行く。

　また，ぬいぐるみについても，男性はドン引きしてしまうことが少なくない。そのときにやっぱりそうですよねと対応するのではなく，抱っこしちゃいなさいよという感じで，ちくわちゃんをボンって渡すと，「ええ〜」みたいな感じですが，どこかに放ることはできないようでぎこちない手つきで抱っこし始めます。ですから今のようにズケズケいったりもします。今の太郎くんの例でいくと，最初そんな感じ

で名づけるだけでも真っ赤になっていたクライエントが，今ではもう「僕の中のたーくんがですね……」という感じで自分のチャイルドの話を普通にできるように変わっています。

Q林　治療関係で転移‐逆転移の話も出てきたと思いますけれども，それはトレーニングをしてやり抜いていくことでしょうか？

Q下山　私の印象ですと転移‐逆転移というよりも，こっちから入っていって劇を作っていく感じに近いかなと思うのですが？

A伊藤　そうですね，特にヤング先生の面接を何回か見せてもらったら，やっぱりドン引きしているクライエントに全くひるまず，ぐんぐんいく。そのうちクライエントさんが根負けする感じです。

Q下山　私は，クライエントに「さっちゃん」って言えそうもない感じです。

Q田中　感想ですが，2年間だし，厳しいし，関係がすごく密になるのではないかと心配でしたが，そこの部分をうまくなさっているのが今の話でわかりました。最初に大変なんだと言うこともそうですが，ワークのテキストやぬいぐるみがあったり，あるいはアロマがあったり，伊藤先生とこのクライエントの閉じた二者関係ではない，治療の三項関係をうまく使って，この厳しく大変なケースをある程度積極的に引っ張っていく。そのあたりもまさに再養育の要素だと思って今のお話を興味深く聞いていました。伊藤先生の笑顔とぬいぐるみでちょっと明るい，楽しい感じ。そういう雰囲気がまさにヘルシーで，アダルトで，そしてハッピーな雰囲気をうまく保たれていて素晴らしいなと思いました。

Ⅱ　質問タイム（コメントメンバー）

Q岡野　構造化された面接の中で，たとえばトラウマの問題が出てきた場合に，治療のフォーカスがそちらに行ってしまった場合，チャイルドが出てくると，治療の流れというか，全体を変えてしまうのではないかという質問です。

A伊藤　解離しているクライエントだとチャイルドにアクセスするとい

うか，チャイルドがそのまま出てきて対話することが，私たちのケースでも時々あります。トラウマに関してはやはり過去体験をヒアリングするところで，おそらくナラティヴ・エクスポージャー的な効果があると思います。そこでまず1回処理される実感があります。一方で今日のケースではありませんでしたが，トラウマ処理の技法でイメージの書き換えという技法がスキーマ療法にはあります。たとえば幼少期に運動についていけなくてお父さんに怒鳴られた体験の処理が必要だという感じで出てきた場合，そこに今の大人のさちえさんとセラピストの私，ないしは私が1人でそのシーンに入っていって，お父さんをやり込めるようなワークをします。セラピストが出ていって，その子を守りながら虐待してきた人を撃退するワークを必要に応じてやってイメージの書き換えをする技法です。

Q岡野　もう一つはシンプルな質問で，分析的なオリエンテーションを持っている方が聴衆の中にはたくさんいると思うので，スキーマは無意識ですか？　という質問です。

A伊藤　無意識という言葉自体はスキーマ療法では使いませんが，スキーマという心理学用語は無意識の領域のことを指していると思います。話が脇道へ逸れますが，たとえば信号スキーマという言い方があります。信号に差し掛かるにあたって，青だったら進むし，赤だったら止まる。私たちは意識しないでそういう行動をとります。学習体験を通して形成された認知構造で，普段は意識しないけれども，意識しようとすればできる。ないしは気づいて外在化できるというレベルのところを想定しています。

Q吉村　このケースがチャイルドに感情的にアクセスできたポイントはどこですか？

A伊藤　ポイントは4つあります。1つ目はやはり名づけです。この方は自分のファーストネームを名付けて違和感がなかったから良かった。なかには自分の名前が大嫌いな方もいるので，その場合は名づけすら難しくなります。2つ目はぬいぐるみの存在です。来るたびに抱っこしたりもあるけれど，私が悪戯心で彼女が来所するたびにぬいぐるみの並べ方を変えたりしていると，彼女が「あ〜っ」と，ニコニコして

移動していることに気づいたりしていました。3つ目はさっき申し上げた食べ物の話です。そのときはすごく生き生きしていました。生きるのが楽しくなくて病気で早く死にたいと最初から言っていたのですが，シャインマスカットが美味しかったとか，食べ物の話のときは本当にいつも生き生きする。食べ物で「さっちゃん」を釣るではないけれど，チャイルドの話をするとハッピーチャイルドが出てきました。4つ目は私がちくわちゃんをハグしてみせて，彼女が自分でヨモギちゃんにハグする体験をしたことです。一つのポイントというよりは積み重ねによってだんだんチャイルドにアクセスできるようになったと考えています。

Q津田　伊藤先生のところにつながるまでのこの方の生育歴や生活環境，うつの状態なども教えていただけますか？

A伊藤　この方はある地方都市で生まれ育って，短大を出るまでは実家で暮らしています。就職して，お姉さんが一足先に実家を出たので，親との息苦しい関係が元々彼女に集中していたけれど，さらに集中して耐えられなくなり家を出ます。そういう意味で私と彼女で話をしたのは，彼女の中のヘルシーアダルトが2回彼女を救ったということです。実は彼女も私立の短大を出ています。最初は親に私立なんてとんでもない，高校を出て働けって言われて，今までの彼女だったら絶対に従っているはずなのに，そのときは反抗しているんです。お姉ちゃんは私立の高校まで行って短大を出ているじゃないか，「私もそこだけは絶対イヤ」と短大に進学したこと。それから就職した後で実家を出たことです。それで親から距離が取れて，少し自由になった。この2つ，ヘルシーアダルトのさちえさんが「さっちゃん」を救ったという話です。

　その流れで就職して，何度か転職もしていますが，途中で関東の方に来られて，そこで夫と知り合って結婚しています。夫も生育家庭のなかでいろいろ傷つきがあるらしく，どうもそこで意気投合というか，「傷ついている者同士，生きていこう」というような結婚だったと聞いています。そして結婚して本人が明らかなうつ状態に陥って仕事も立ち行かなくなり，仕事を辞めて専業主婦になり，治療につながったと

いう流れです。

Q津田　２点目は，この方の対人関係の特徴があれば教えていただきたいです。

A伊藤　対人関係でトラブルを起こすことは全くなく，夫に対しては違うけれど，心を閉ざして本心を出さず，表面的な話を明るくして人と付き合うことを友人関係ではやってきたとおっしゃっていました。ですからスキーマ療法をする中で，自分が本当に感じていること，あるいは断ることも職場でできるようになってきました。「さっちゃん」がイヤだと言っていることだったらイヤだと，チャイルドが欲していることをさちえさんが翻訳して人と話せるようになって，つらくなく人と付き合えるようになってきたというのがあります。お姉さんとも本音で話せる関係ができてきてだいぶ変わってきました。たとえば夫との関係も，休日に映画を観ましょうというときにも，自分が観たくなくても夫が観たい映画を観ていたのが，「さっちゃん」がどうしたいかが見えてきたことで，「二人で観たい映画を一緒に楽しむ」に変わってきています。

Q津田　先生とのセッションの中で，ご本人だけでなく，夫や姉といった，周りの方も変化していくのが印象的でした。

Ⅲ　全体討論

林　グループスキーマ療法のケース・フォーミュレーションはどんなふうになるのでしょうか。

伊藤　翻訳した本の内容を伝えることしかできませんが，緻密にケース・フォーミュレーションを作るというよりは，それぞれの方が自分の体験を話して，それをスキーマとかモードに関連付けてみんなでシェアすることを前半ではやるようです。やはり自分の体験ではなく他者の体験をフォーミュレーションすることをシェアすることがすごく勉強になるというか，ノーマライズされるというのでしょうか。特にBPDの方々のグループだとトラウマや虐待など，かなりひどい体験をしていて，それがそのスキーマにつながっていて，特に「欠陥／恥スキーマ」のような，そんな体験をしたのは自分だけで，自分はとても恥ず

かしい存在だと恥じていた方々がグループでシェアすることによって
ノーマライズされ，理解が進むところがとても大きいと本には書かれ
ています。

林　セラピスト側のケース・フォーミュレーションというよりは，自然
発生的なケースの理解の共有が行われるという感じですか？

伊藤　グループなんですが，一応個別のセッションも設けるようで，お
そらくそこでフォーミュレーションが個別的に行われるのだと思いま
す。

伊藤　さっき田中先生のコメントに三項関係っていうお話があったので
すが，私もすごく大事だなと思います。スキーマ療法で培われた関わ
りとか体験を，その方の人生や生活に拡げていくことが目的で，閉じ
たセラピー環境を延々と続けることにならないようにするのがすごく
大事だと思っています。今回のケースは研究なので，夫を呼ぶことは
しませんでしたが，通常だと配偶者や親を呼び出すことはけっこうや
っています。要は治療的再養育をチームでやるようなイメージです。
ですからセラピーの関係だとシングルペアレント，シングルチャイル
ドですが，たとえば配偶者に来てもらって，その配偶者にも治療的再
養育の心理教育をして，あなたにはパパになってもらいたいからこう
いう対応をしてという感じで，家族や関係しているパートナーを呼ん
でチーム的に再養育するようなことを積極的にやっています。

下山　スキーママップを見せていただいたときに「スキーマの製造責任
は自分じゃない」と書いてありました。すごく面白くて，それはこの
方が書いたのですか。

伊藤　これは私がどこかで言ったものです。クライエントがスキーマを
外在化して直面化すると，なんでこんなスキーマをもっているのか，
そこに恥とか自分の無能さを感じる方がいらっしゃるので，スキーマ
ができたのはあなたのせいじゃなくて，環境によってつくられたもの
だから製造責任は自分にはないよという話をしたら，彼女はいたく気
に入って，あそこに書き出しました。

下山　セラピストは役割としてディレクターというかプロデューサーと

いうか，場を用意して，元々の脚本も用意する。監督であり，そこで
さらにいえば，ぬいぐるみをハグして，さっちゃんと呼んで２人で涙
を流して別れる。もうこれは監督が舞台に入り込んでいる感じがしま
す。そうなってくるとスキーマ療法ができる能力は，誰でもできるも
のではないような気がしました。

伊藤　多分トレーニングを受ければ誰でもできると思います。昔，ユン
グ派の先生と議論したときに，スキーマ療法ではセラピストがいろん
なことをしてとても忙しいセラピーだと言われたことがあって，確か
にそれはそうだなと思います。下山先生もできるはずですよ。

下山　私は「さっちゃん」も「たーくん」も怖くて言えないです。相手
が赤くなる前に呼ぶ方の私が赤面する気がします。

津田　私自身は日頃就労支援の相談機関で，初回のインテークで学校歴
や職歴，受診歴など状況を確認して主訴をたずねて，課題や目標を決
めてスモールステップをどう踏んでいけるかという形で支援を行って
います。その中でどうしても主訴が中心にある分，スキーマに注目す
る，扱うことが難しく感じるのですが，どのようにバランスをとって
いけばいいのでしょうか。

伊藤　セッションの構造自体は，スキーマ療法と認知行動療法はほぼ一
緒です。まずセッションの冒頭でブリッジング，橋渡しといいますが，
前回から今回にかけてどうだったか，今の調子を確認する時間を必ず
取ります。前回から今回にかけて，こういうことがあってすごく大変
で嫌だったという話を聞いたりします。ただこのケースの場合はうつ
の研究なので特殊で，プロトコルが決まっているので，あまりそうい
った話はせずに進めていますが，橋渡しの時間にうつの状態が今どう
かについてはお伺いします。モードの話がだんだん入ってくると，橋
渡しのところでその時は「さっちゃん」どうだったとか，嫌なペアレ
ントの声が聞こえたのねと，現実的な話を共有しながら，徐々に学ん
できたスキーマの概念やモードに関連付けて話をしていきます。

田中　津田先生の質問，私もしたかったところです。スキーマというと
内部にあるモードワークなのでイントラ・コミュニケーション，自己

内対話を扱って変わることで結果としてイントラではない，実際のコミュニケーションも自然に変わっていくということなのか，あるいはブリッジングの話で，たとえば多少アサーティブに関する心理教育的なものもなさったりしているのか，そうならその辺のバランスをどうやっているのかと思いながら聞いていました。結果的に母親との関係は実際どうなったのか気になりました。イントラと実際の外のコミュニケーションの塩梅を教えてください。

伊藤　母親との関係について先に申し上げると，当初はけっこう気をつかって彼女から親に連絡していました。そこもスキーマやモードで，ほんとは嫌いなお母さんなのに連絡を頻繁にしていましたが，途中から「『さっちゃん』はお母さん嫌いじゃん，そんなお母さんに無理して連絡をとることはない」というふうに，絶縁まではしていませんが，頻度が減って，気が向いたときだけ連絡しています。ご両親が住んでいるところで水害があって，前だったら彼女が気をつかってケアすることをしていたけれど，しそうになる自分をとどめて，自分が気になったり，自分が連絡を取りたくなったときだけ連絡する関わりに変わってきています。

　それからイントラのご質問とも関わってきますが，「さっちゃん」がどうしたいのかということをさちえさんがちゃんと理解して，「さっちゃん」がしたいようにするってことをできるようになったところで，それが実際の人との関わりの中でも，たとえば職場ですごい圧をかけてくる人をはね返せるようになっています。たとえば職場でイベントがあるとお弁当が配られて余りが出る。本当は余ったお弁当なんか欲しくもないのに彼女は持って帰っていたんです。途中から「さっちゃん」が，「私たちこれ食べないし，お弁当をもらわないで」と言い始めて，同僚からいつものように「持って帰る？」と聞かれて，「もう持って帰りません，いらないんです」と言えるようになったとき，「さっちゃん」がとても喜んだエピソードがあります。「さっちゃん」との対話がイントラでできるようになったことを実生活で実現させる。そこがスキーマ療法だと行動パターンの変容という言い方をしますが，最終的には行動パターンの変容がすごく大事で，単に対応ができるようになったというよりは，ちゃんと観たい映画のタイトルを夫に言えると

か，お弁当を断るとか，そういうことはすごく大事だと言われていますし，私も最終的な変化の価値はそこにあると考えています。

田中　実践できたことは積極的に伊藤先生の方から聞き出していくのでしょうか？

伊藤　橋渡しで出てきた話を拾っていく感じです。

下山　スキーマ療法は構造を上手に使っている。ある時はイントラ・サイキックに，この中でイメージのことを一緒にやったり。場合によってはインター・パーソナルなところで母親や家族を呼んでやったり。上手にアクティング・アウトしながら展開をしている。その辺りが精神分析と近いけど違うという感じがします。岡野先生どうでしょうか？

岡野　私は精神分析の本流には決していないと思って，今日の伊藤先生の話は本当に拍手喝采な感じで聞いていました。非常に素晴らしいと思います。伊藤先生が「トレーニングを受けたらできますよ」とおっしゃったけど，それに関しては向き不向きがあるのではないでしょうか。伊藤先生の明らかなパッションやアクティビティがすごく力を発揮しているので，これも本当にその人ならでは，治療者の持ち味が大きいと思います。質問したいのは，ジェフリー・ヤング先生のテキストを読んでいて，「私だったらこうやるのに，私だったらこう書き換えたい」という箇所はありますか？

伊藤　ヤング先生のやり方に関しては，スキーマ療法の向き不向きでいうと，おそらく感情が動きやすいセラピストの方が向いていると思います。私なんかに比べても，ヤング先生の感情のぶれ方って凄まじいんです。学会の最中でプレゼンしながら泣き出すぐらい。私だったら学会の最中でプレゼンして泣きそうになったら絶対こらえると思うんですが，そういうこともせずに，みんなの前で号泣できる。私たちがトレーニングに行ったときには，受講者からの質問に対して激怒したりということもありました。何のバリアもないというか，感情丸出しでした。

岡野　逆転移はどうなんでしょう。起こった場合はそれも表現するのでしょうか。

伊藤　すごくピュアでした。ですから私だったらこうするというよりは，

ここまではできないと思ったことが多々あります。

津田　心理教育とお膳立てのフェーズでアロマとビーズが出されて，持ち帰るものを差し上げるというのがすごく新鮮だったのですが，それがアロマやビーズである意味や効果を教えていただけますか？

伊藤　アロマにはいくつかの意味を持たせています。一つはマインドフルネスのトレーニングをするので，香りがあるとマインドフルネスの練習がしやすい。もう一つはセラピストやセラピーを持ち帰る移行対象としての意味があります。かわいいシールも貼ってあるので，みなさん喜んで持ち歩いてクンクン嗅いでいるようです。アロマに関しては，クライエントさんにも治療的再養育の心理教育をしながらお伝えします。ママが子どもにあげるおやつみたいなものだと思ってくださいと。今日はチョコ，今日はクッキーみたいな感じ。そういう感覚で選んで差し上げたいけれどいいかしらと伝えて差し上げています。クライエントにお願いしているのは，いろんな香りを差し上げるので，好きとか嫌いとかを教えてねとお願いしています。嫌いなおやつを出し続ける親はいないのと一緒だからと。治療的再養育の一貫として渡しています。

津田　アロマも先生が選んでお渡ししているのでしょうか。

伊藤　そうです。

下山　スキーマ療法でアロマを使っていることを今回知って，効果があるからと急に使ったりするのは危険な気もします。スキーマ療法のエッセンスは，精神分析などほかの療法で使えるのでしょうか。

伊藤　一応 CBT との兼ねあいで「The スキーマ療法」とまでいかなくても CBT の中でモードの心理教育だけして理解するとか，スキーマ・インフォームド CBT みたいなことを提唱している先生もいらっしゃいます。CBT の枠組みで多少扱っていくことはよく聞きます。それ以外では精神分析の中でスキーマ療法を扱う話は聞いたことはないです。ただユング派の方がイメージは使っています。その中に先ほどちらっとお伝えしたイメージの書き換えみたいなものにも入れ込んで使っています。

下山　最後に，伊藤先生のご発表にあたって何か参加のみなさんも含め
　　てお伝えしたいことがあればお願いいたします。

伊藤　ありがとうございました。発表の準備をするにあたって，さっき
　　も申し上げたケース・フォーミュレーションの見方が広がったのが有
　　難いと思っています。今日，みなさんからいろんなご意見やご質問を
　　いただくことで，やはりちょっと気づいてなかった大事なことがいろ
　　いろあるというか，スキーマ療法が本当にいろんなことをしているこ
　　とが改めてわかった，そういう機会をいただいたというふうに思って
　　います。

第7章

「バレエのレッスンに行けるように なりたい」を主訴として来談した女性

解決志向アプローチにおけるケース・
フォーミュレーション

田中ひな子

下山　それでは，原宿カウンセリングセンターの田中ひな子先生にお願いしたいと思います。よろしくお願いいたします。

田中　みんなで学ぶ大事例検討会4回目ということで，下山先生，林先生，伊藤先生の素晴らしい発表の後で，私の発表は蛇足のような気がして大変緊張しておりますが，どうぞよろしくお願いします。

　早速始めていきたいと思います。私は解決志向アプローチを好んで用いていますので，事例の理解に役立つように少し解説させていただきます。

I　解決志向アプローチとは

　解決志向アプローチというのは，アメリカのブリーフ・ファミリー・セラピー・センターでスティーブ・ド・シェイザー（Steve de Shazer）とインスー・キム・バーグ（Insoo Kim Berg）らのグループによって開発されたものです。理論的にはミルトン・エリクソン（Milton H, Erickson）の心理療法に由来するブリーフセラピー，将来志向と今ある資源を生かしていくアプローチというエッセンスに，グレゴリー・ベイトソン（Gregory Bateson）に端を発するコミュニケーション論に基づいた家族療法を加えたものです。問題を個人の内部にあるものではなく，システムという関係

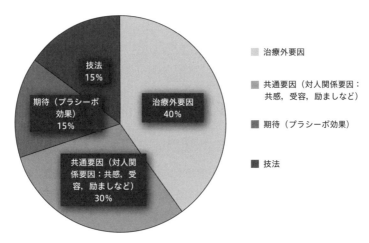

図1　心理療法の効果研究（Lambert, 1992）

性の中で捉えていきます。システムの一部が変わればシステム全体が変わり，ほかのメンバーも変わっていく。関係性としてとらえていくものの見方が理論的な背景となっています。

　何をやるかというと，基本的には会話を通して解決を構築していきます。どんな会話かというと「すべてのクライエントは自分たちの問題を解決するのに必要なリソースと強さを持っており，自分にとって何が良いことかをよく知っている。またそれを望んでいて，彼らなりに精一杯やっているのだ」という信念に基づいた会話を進めていきます（Berg & Miller, 1992）。クライエントは自分の人生と生活の専門家であり，セラピストは無知の姿勢，クライエントから教えてもらう立場です。セラピストはインタビューの専門家であると治療関係を位置づけています。

　次に，マイケル・ランバート（Michael J. Lambert）らによる，心理療法の効果研究（図１）をベースに解決志向アプローチを説明します（Lambert, 1992）。心理療法に寄与する要因として治療外要因が40％，面接室の外で起こる出来事ですね。たとえば仕事が見つかったとか，子どもが保育園に入れた，苦手な同僚が転勤した，腰痛が治ったなど，こういったものが治療外要因となっています。共通要因というのは，心理療法の中で援助者がクライエントに対して行う共感や受容，励ましなどサポーティブなコミュニケーションの要素で，これが30％です。期待というのは，「カウンセリ

ングに行くからきっと解決する」という期待によって，自己治癒力のようなものが発現されると考えられています。あとは技法が15％です。

　解決志向アプローチは，この治療外要因40％と共通要因の30％，主にここを活用するアプローチということになります。どんなに問題が深刻であっても必ず例外はある。たとえばアルコール依存症でも24時間365日飲むのは不可能です。飲まない日は必ずあるわけです。そういったものを例外と名付けてすでに変化している解決，問題が起こっていないとき，深刻でないとき，うまくいっていることを探し出して，それは何が良かったのか，どんなふうに対処したのかというコーピング，考え方，工夫，努力を明らかにしていきます。そしてそれを生み出すクライエントのリソース，資源を活用していくという考え方です。

　もう一つ背景にある考え方は，変化は絶えず起こっており必然で，変わらないことは不可能だということです。自然界にあるものは必ず揺らぎがあり，良いときもあれば悪いときもある。つまり例外が必ずあるわけです。その例外，問題が起こっていない時，うまくいっていることを探してそれを増やして日常化していくことが解決であると，すなわち例外とはすでに存在している解決である。そういう小さな解決を一つずつ積み上げていってソリューション・ビルディングを行います。ですから最初は小さな変化で構わないわけです。それを積み上げることで大きな変化を引き起こす，リップルエフェクト（波及効果）ということになります。もう一つ大事なことは，変わるためには何かをしていかないといけないけれど，今まで一度もしたことのないことをするよりも，今までやったことのあることを続ける方が容易であるということで，これまでやってきたことで役立ったことをDo more（もっとする）するというのが基本方針です。

　中心哲学は3つで，①それがうまくいっているのなら，それを変えてはいけません。②もし何かがいったんうまくいったならば，もっとそれをつづけましょう。Do more!　③もしそれがうまくいかないのなら，何か違うことをしなさい。この3つの原則でやっていきます。

　クライエントとセラピストの関係性については，初期のソリューションでは以下の分類をしていました。他人から勧められて不本意ながら来た関係（ビジタータイプ関係）。あるいは問題に困っているけれども，他人が変わることで解決すると考える関係（コンプレイナント関係）。あるいは自分

自身が変わっていくことで問題が解決すると考えている関係（カスタマー関係）。かつてはこの３つに分類をしていました。

　具体的な面接の進め方は，クライエントの思考の枠組みをまず明らかにしながらゴールを設定して，例外を探して，何が良かったかを聞いてコンプリメント，褒めてねぎらいます。クライエントの努力や工夫を認め，肯定する。そして何か提案をする。ゴールの設定は具体的に問題が解決した後の状況を聞いていきます。問題が改善したことで，どういうふうに生活全体が変わっていくか，そこがすごく重要です。ゴールを見つけたら，それに近い状態や例外を探して，何が良かったかを聞いていきます。次に今日の事例でも毎回のように使っている技法，スケーリングクエスチョンを紹介します。初回面接ですと「問題や状況が最悪だったときを０，解決したときを 10 として，現在はどのあたりにいると思いますか」。「３」と言ったら，「どんなことからその数字だと思うのですか」，また「そこまで来たのは何が良かったのですか」と質問をします。クライエント自身が今の状態をどう見ているのか，クライエント自身によるケース・フォーミュレーションを聞いていきます。一連の質問をして，面接終了時にはクライエントに感想を聞いて，カウンセラーがフィードバックします。例外や本人の工夫を確認し，何か提案をしたりします。よくある提案としては，例外について，問題が起こっていないときや問題がひどくないとき，それがどのように起こったか観察して教えてくださいというものです。

　２回目以降も同じです。何が良くなっていますかと聞き，前回から今回までの例外，コーピングを聞き，強化する。２回目以降のスケーリングクエスチョンは初回面接を１として 10 が解決した状態としてたずねます。変化は絶え間なく起こっていると考えるので，治療外要因，面接と面接の間に日常生活で起こっている良い変化を引き出してそのコーピングを聞きます。コーピングを聞くことで，それが技術になりますので，それを繰り返して例外を増やしていきます（Jong & Berg, 2013；田中，2020）。

Ⅱ　解決志向アプローチにおける　ケース・フォーミュレーション

　こういったアプローチですので，解決志向アプローチではケース・フォ

ーミュレーションという言葉は使いませんが，今回はケース・フォーミュレーションをアセスメントと介入をつなぐもの，あるいはセラピストとクライエントをつなぐもの，ほかの流派の人たちとの会話をつなぐもの，というふうに考えます。

　解決志向アプローチのケース・フォーミュレーションのポイントはクライエントの思考の枠組み，重要な事柄と人，ゴール・解決像，例外，例外のコーピング，リソース，クライエント自身の評価としてスケーリングクエスチョン，他には関係性に配慮することです。これは面接の中でも終わりでもフィードバックし，確認して共有する形になります。

Ⅲ　事　　例

　では事例について紹介します。クライエントは仮に春子さんと名づけます。春夏秋冬でいうと春のほわんとしたイメージの方です。50代前半の女性。髪型はベリーショートで，年齢相応にふっくらしています。喋り方は穏やかな感じ。ファッションはちょっと独特です。毎回洗い立ての服ですが，洗いすぎて繊維が細くなっている，ちょっとちぐはぐな感じです。後でわかりますが，経済的に厳しいので，古着屋さんで買った服を一生懸命洗って，着ていらっしゃる感じです。

　紹介状は次回持参する予定でした。本来ですと初回面接で持参するものですが，時々，お医者さんの都合で次回に持参となる場合もあります。

　初回面接予約の電話では，摂食障害，アダルト・チルドレンという主訴でした。当日受付でどんなことでお困りですかとチェックしてもらう受付票には，家族関係，人間関係，摂食障害，アダルト・チルドレン，うつ状態，無気力，薬物，PTSD，生き方の悩み，精神疾患，盗癖の項目にチェックが入っていました。初回面接は1時間半ぐらい用意していますが，これは全部を聞き切れないと思い，どこに焦点を絞ろうかと思いながら面接は始まりました。まずは当センターのインテーク用紙のフォーマットに従って，来談動機，家族関係，生育歴，問題の経過，ゴール，ニードを聴取しました。

初回面接［X年X月X日］

　春子さんの場合は，来談動機は過食嘔吐で太ってしまいバレエに行けない。先ほどのようにチェックがいっぱいありましたが，一番困っていることを聞くと，そのことをあげました。家族関係と生育歴はジェノグラムを聴取しています。ご両親はすでに亡くなられていて，父親は会社員，母親は主婦でした。姉は１歳違いで障害者枠で公務員。弟は知的障害で施設にいる。春子さんは一人暮らしです。問題の経過，相談歴，入院歴は 10 代後半より精神科通院，複数回の措置入院。１カ月前に措置が解除，退院して現在は往診と訪問看護，現在は往診。ゴールは「バレエのレッスンに行けるようになりたい」，ニードは「月１，２回のペースでカウンセリングを受ける」でした。

　生育歴です。幼稚園のときはほかの子がかわいい服を着ていて羨ましかった。母親がお金に執着して，髪の毛は月１回，服は週１回しか洗ってもらえない，文房具も買ってもらえなかった。ネグレクト状態で，小学校では精神的・身体的いじめ被害がずっと続きます。

　小学校５年でバレエを始めるためにダイエットします。これは母親に「あなたは太りやすいからバレエなんかできない」と言われたからです。過度なダイエットをして周りもしょうがない，というような感じでバレエを始めたようです。高３まで続けています。中２で家出，理由を聞くと超能力者になろうと思って家出したと。どうして帰ってきたのと聞くと犬とはぐれたので帰ってきたそうです。この話だけでも聞いたら 15 分はかかると思い，時間が限られていますので，「そうなんだ」と言ってそれ以上は聞きませんでした。

　高校のときも家出します。理由は知的障害のある弟がマスターベーションを目の前でやっており，その汚い手で家中を触るのがイヤだったそうです。高校は２回留年して卒業しています。その後，新聞奨学生を３年間しますが，横領して退職します。横領といっても貯金があるのでお金はちゃんと返しています。ですからクレプトマニア（盗癖）と言えるかと思います。

　19 歳で摂食障害のため A クリニックを受診し，グループに参加。30 歳から生活保護を受け，デイナイトケアを利用していましたが，１年前に出入り禁止になっています。その理由を聞くと不潔恐怖がひどすぎて，神聖

な自分の部屋に入れず，クリニックで寝てしまい出入り禁止になったと説明していましたが，ほかにも事情はあったようです。それでB病院に転院して，3カ月前スマホにはまり，気づくと裸で外出して保護され措置入院。1カ月前に退院して，往診と訪問看護を受けています。

　現在はゼロカロリーのゼリーを食べる拒食と過食嘔吐の繰り返し。週3，4回，アダルト・チルドレンの自助グループであるACA（アダルト・チルドレン・アノニマス）やアルコール依存症のためのAA（アルコホリック・アノニマス），盗癖のためのKA（クレプトマニアクス・アノニマス），摂食障害のためのOA（オーバーイーターズ・アノニマス）などの自助グループに参加しています。万引きは1年間していない。週3日は処方薬をたくさん飲んで寝ている，「寝逃げ」と言っていました。

　ゴールは「バレエに行く，漫画を読みに国会図書館へ行く，普通のものを普通に食べられるようになりたい，スポンサー（自助グループで12ステップという回復プログラムに取り組むための助言者）を見つける，Aクリニックのようなデイナイトケアを見つける，過食してもバレエのレッスンに行けるようになりたい」ということでした。スケーリングクエスチョンで，「人生最悪を0，解決した状態を10として現在は？」と聞くと，「5」ということです。生活保護によって衣食住は足りている。どうやって5まで来たのかとコーピングを聞くと，ミーティングが役立った。また過食の例外を聞くと，5年前父親が亡くなるまでは過食は止まっていた。でもその後空しくなって本とか映画・漫画を読めなくなった。今の生活がつまらないとおっしゃっていました。

　漫画の話題が出たので，どんなのを読むのか聞いたら，『PALM』（獸木野生著，新書館，1983年）で，そこに出てきた登場人物ジェームスの「終わりは変えられないけれどそこへ至るには幾重にも変わる」という言葉が良かったと哲学的なことをおっしゃっていました。カウンセリングの感想を聞くとすごく楽しかったと，本当に嬉しそうにおっしゃいました。

　このクライエントの思考の枠組み，重要な事柄・資源はバレエ，体型，漫画，自助グループ，生活保護，楽しいこと，人に迷惑をかけないことを大切にしています。重要な人は訪問看護の看護師，福祉のケースワーカー，主治医，漫画の登場人物，自助グループの仲間。クライエントとセラピスト関係は困っているが積極的に自分が動こうという感じではなかったと思

います。このように１回目が終わり，次回は２週間後の予約となりました。

　最初，こういう状態なので１回限りかなと思いました。案の定というと失礼ですが，２回目は予約の日に来ませんでした。やはりカウンセリングは難しい状態かなと思っていたら，翌日にひょっこりといらっしゃいました。通常，こういう場合にはお会いせずキャンセル料をいただくのですが，せっかくいらしたし，貴重な生活保護費からキャンセル料をいただくだけで帰ってくださいとは言えず，また私も時間の都合がつきましたのでお会いしました。

　２回目以降は，変化，例外とコーピングと過去，解決像，という項目に整理して手短にお伝えしていきます。

第２回［Ｘ年Ｘ月Ｘ日］＋２週間　予約日の翌日に来談

　変化，例外としてはバレエに行けた。どうやって行ったのか聞くと，漫画の中で舞台に立てなくなった主人公が，舞台に上がるときの名ゼリフがあるそうで，それを思い出して行ったそうです。ほかには自助グループへ行ったというのでどうやってとコーピングを聞くと，仲間からの助言「行っちゃえば何とかなる，考えないで足を使って」と言われたのを思い出して行ったそうです。過食しても吐かないときは，詰め込むほど食べていない，これは例外です。早朝覚醒が続いてつらかったということなので，そのコーピングは筋トレと柔軟体操をしたら８時まで眠れたということです。過去の話では，母親が「お前は太っていて恥ずかしい」と言ったと。腋毛を剃っていなくて恥ずかしかった。母親が髪の毛を洗わせてくれなくて，父親もそれに同意していたという過去のつらい話が出てきました。「そんなつらいことがあってもどうやって生きてきたの？」と聞くと，「自殺というのは自分以外の人をすべて殺すことになるから」と哲学的なことをおっしゃって，そういうふうに考えて生きてきたんだなと，私もそのまま受け止めました。解決像はバレエに週３，４回行きたいということです。

第３回［Ｘ年Ｘ月Ｘ日］＋１カ月

　変化としては今日もバレエとダンスに行けた。柔軟と筋トレが続いている。でも教室に行ったらコロナのせいか時間変更で，せっかく行ったのにできなくて残念だった。過食をしないで帰れた。過食嘔吐に適した，吐き

やすいお手洗いのある飲食店が時短営業になって困る。コロナのために自助グループがなくなっているので，そのコーピングとしては開催しているグループを探していく。テレビをよく見る。本が少し読めるようになってきた。スケーリングは初回面接を 1，解決した状態を 10 とすると今どの辺りかを聞くと「1.5」。その理由ををたずねると「とりあえず」とおしゃっていました。過去の話は，バレエの公演前はダイエットしていて，男性と踊る時には吐いて体重をコントロールしていたこと。資源としては漫画を 1,000 冊持っている。解決像として，どんなふうになるといいかを聞くと，「コロナ騒ぎを乗り越える」とおっしゃっていました。サワーをコンビニの前で 1 缶飲んだとサラーっとおっしゃっていました。

第 4 回 ［X 年 X 月 X 日］＋ 2 カ月　電話

　コロナの感染拡大のため電話カウンセリングになりました。自助グループに行ったり，テレビを見て過ごしている。食べ吐きが減っている。スケーリングは 5 か 6 ぐらい。それはコンビニが閉まっていたり，トイレを貸してもらえないので過食嘔吐が以前のようにできないから。過食嘔吐に関してのスケーリングは，解決を 10 とすると今は 7 か 8 ぐらいまで解決しているということでした。それを維持するために何が大事かを聞くと，「焦らない。コンビニで買って駅のベンチで食べる。ジャンクフード，チョコやクッキーを買わない。野菜がたくさん摂れる弁当や飲み物を買う。お腹をあまり空かせない」ということでした。過去の話では，月に 3，4 万円分も過食をしていた。資源は漫画『王妃マルゴ』（萩尾望都著，集英社，2013年）の話をしていました。

第 5 回 ［X 年 X 月 X 日］＋ 2.5 カ月

　昨日は食べ吐きをして掃除が大変だった。春子さんには不潔恐怖があります。コロナによる緊急事態宣言中 2 回しか食べ吐きしなかったそうです。何が良かったかを聞くと，コンビニで肉野菜定食など野菜を摂るようにしている。レンジで簡単にできる料理をしている。福祉（自治体担当ケースワーカー）へカウンセリング（料金）の一部助成を申請した。Wi-Fi 料金が高額となり低額の契約に変えた。工事のために人を入室させた。彼女にとって部屋は神聖で，一時は不潔恐怖のため汚い自分が入れなかったほど

ですから，そこに工事の人に入ってもらえたのはすごく勇気のいることで，よく頑張ったという話です。資源としては漫画『アラビアのロレンス』(神坂智子著，新書館，1998年)，パレスチナ問題に非常に詳しくお話してくださいました。解決像は過食嘔吐がなくなれば体調が楽になる。過食嘔吐すると食べ吐きで2，3時間がかかってしまう。国会図書館とバレエにまた行きたい。バレエは週3，4回行きたい。バレエさえなければ太っても良い。本が読めるようになりたい。問題は漫画が増えて置けない。部屋に何らかの動物が侵入した形跡があり，ネズミではなくハクビシンかもしれない。それもあって引っ越しを考えているようでした。

第6回 ［X年X月X日］＋3.5カ月

　遅刻したけれどもバレエに行けた。壊れたということなのか，シャワー禁止となったので髪を切った。不潔恐怖があるので，そういうことは彼女にとっては大変なことなのです。国会図書館はコロナ感染防止のために事前予約制となり，抽選で当たると行けるそうです。週3回自炊をしている。「なんでそんなことができるの」と聞くと，入院中にいつか自炊しようと思ってレンチン料理の本を買ったのだとおっしゃっていました。ヨガや筋トレなどをして落ち着いて過ごしている。自助グループにZoomで参加。過去の話は，母親がケチで安いアイスしか買ってくれなかった，ネグレクトや虐待にまつわるお話をなさっていました。解決像は，引越しをしたい。問題はケースワーカーにグループホームを勧められている。不潔恐怖のためにダンボールを1枚1枚全部拭かないといけないから，転居は大変だとおっしゃっていました。

第7回 ［X年X月X日］＋4カ月

　太ってしまってバレエに行けない。本を読むと眠くなる。この回は過去の話がいっぱい出てきました。11歳から「バレエが好きなら太らないように食べることを我慢しなさい」と強く言われた。持久走でいい順位を取ったり，テストで頑張っても認めてもらえない。むしろそのことで余計いじめられてつらかった。本当は勉強が意外とできるのに姉と弟に知的な問題があったために，自分もバカ扱いをされてきた。どんなに頑張っても認めてもらえなかったという苦しい話がいろいろ出てきました。酷いあだ名

をつけられた。漫画は買ってもらえないのですべて立ち読みだった。バレエは高3まで。解決像としては2食付いて門限が緩いグループホームに入る，通信制大学で勉強したいとおっしゃっていました。つらい話ばっかりされたのですが，ご本人は忘れていたことを思い出して良かったと感想をおっしゃっていました。

第8回［X年X月X日］＋5カ月

本を読めるようになってきた。どんな本を読んでいるのか聞くとユダヤ人問題についての本で，また難しいことをいろいろ教えてくださいました。スケーリングは5です。本も漫画も読める，仲間がいる，ミーティングへ行っている。過去の話としては，一昨年，統合失調症と診断されて一生服薬が必要とお医者さんから言われた。中学のとき「フォークダンスに出るな」といじめを受けた。母親はお金が一番大事だった。弟が目の前でマスターベーションすると母親は怒った。弟が汚い手で洗濯物を触るのが嫌だったという話を切々と訴えていました。資源としては漫画をきっかけに遺伝子の知識を得たとのことで，その話もちょっとお伺いしました。問題としては「生活保護なのでマンションタイプのグループホームは不可だ」と言われたと。不潔恐怖があるので共同生活は春子さんにとって非常に高いハードルです。

第9回［X年X月X日］＋6カ月　キャンセル
第10回［X年X月X日］＋7カ月

ひょっこりとまた予約を取っていらっしゃいました。そして，部屋を片付けていたら見つけたと言って初回面接から半年後にようやく紹介状を持って来てくださいました。「通信制大学に合格した。心理学を学びたい」と。「どうしてそんなことができたの？」と聞くと，高校の先生から勉強した方がいいと言われていたし，仲間からも学者肌と言われているからとのことでした。回復支援施設のデイケアへ見学に行った。いい感じだった。スケーリングは6で洗髪できる，洗った服がある，生活保護でお金の心配がない，バレエをやめてから楽になった。この頃にはバレエには行かなくなっています。資源は『チェーザレ　破壊の創造者』（惣領冬実著，講談社，2013年）という歴史マンガです。解決像としてはデイケアに通い，生活

診療情報提供書

・処方
　①リスペリドン内用液 1 mg /ml 0.1 ％ 3 ml/ フルニトラゼパム（睡眠導入薬）
　　2 mg 1 錠　バルプロ酸ナトリウム R 錠 200 ㎎ 2 錠（就寝前）
　②フェキソフェナジン塩酸塩錠（抗アレルギー薬）60 ㎎ 2 錠（1 日 2 回）
　③バルプロ酸ナトリウム R 錠 1 T（1 日 1 回朝食後）
　④サートラリン（SSRI）錠 50 ㎎ 1 T（1 日 1 回朝食後）

図 2　診療情報提供書の処方

が整う。感想は，「来れて良かった」。このとき，診療情報提供書をやっと目にすることができました。診断名は統合失調症で「19 歳より精神科受診。複数回の保護歴。下着姿，裸足で歩いていると通報を受け保護。措置入院。約 2 カ月で措置解除，自宅退院」とありました。

　前のクリニックが出入り禁止になった理由は，摂食障害絡みの盗食などの問題だったと書かれていました。彼女は概ね正直に話してくださっているのだとわかりました。処方はこのような形（図 2）になっていました。

第 11 回［X 年 X 月 X 日］＋ 8 カ月

　デイケアに通うことにした。行動計画がとても厳しい。休む日は電話をしなければならない。通信制大学は 15 科目履修登録してとても忙しい。提出日までデイケアを休みますと電話して融通をつけ，段取りを組んで勉強している。でも消しゴムのカスが自室の床に落ちるのが嫌なのでファミレスでやっている。勉強はどんなふうに役立つのか聞くと，共生社会という授業では，知的障害の弟が家では何でも許されていたことを思い出したということでした。インクルーシブ教育のことを学ぶのは，春子さんにとって癒しとなるのだろうと思って聞いていました。1 カ月過食がない，スリップは 1 回だけ。過去の話は姉の高校の司書が萩尾望都ファンで，『王妃マルゴ』，『ポーの一族』（小学館，1972 年）を教えてくれた。私は漫画について詳しくないので，いつも「そうなんだ〜」という感じで聞くばかりでした。詳しい人なら彼女はもっと話しやすかったかもしれません。解決像は通信制大学へ提出物を出すということです。

第12回［X年X月X日］＋9カ月　キャンセル
第13回［X年X月X日］＋10カ月

　13回目は，12回目が予定されていた1カ月後にひょっこりといらっしゃいました。通信制大学のすべての科目でテスト終了。多分それがすごく大変で，それを出したあとガーッと寝逃げしてキャンセルだったのかなと想像をしました。あえて理由は聞かず，春子さんもおっしゃいませんでした。勉強はどういうふうに役立つかを聞くと，授業で不潔恐怖には認知行動療法が効果的だと学んで，不潔恐怖に関する治療意欲が高まったそうです。過食嘔吐がないとのことで，そのコーピングを聞くと冬だからという返事でした。冬だから我慢するのは良くない，食べ過ぎてもいいやと考える。良い変化を維持するために毎日ミーティングに出席している。予定をこなす。入浴時間を2時間から40分に短縮にした。いったいどうやったのとコーピングを聞くと，一度洗いにした。冷え性の治療を3回予約したけど行けなくて4回目でやっと行けた。どうやったのかとコーピングを聞くと，午後の予約にして前日早く寝たということです。冷え性治療はどういうふうに役立ったのか聞くと，外出時はカイロをしている。そのほか，暖房用の石油を買いに行くために自転車を購入したという変化もありました。スケーリングは不潔恐怖に限定して最悪を0，不潔恐怖が治った状態を10でいうと，2か3。その理由を聞くと，「回復したいからです」とおっしゃっていました。ゴールは過食と不潔恐怖がなくなること。問題は太ってしまったことで嘆いていました。

第14回［X年X月X日］＋11カ月

　電車を乗り過ごしてタクシーで来談。通信制大学は良い成績だったと。びっくりしたのですが，14科目中A＋が2つ。本当に頑張ったのだと思いました。デイケアは続いている。食べ吐きはない。どうしてか聞くと，「もういいかな，私が太っても世界は変わらない」と思うようにして，痩せて着ようと思っていた服を捨てた。何でそんなことができたのかを聞くと，「太ったので新しいズボンを買った。太った，痩せたにもう振り回されたくないんだ」とおっしゃいました。スケーリングは「6」。6を維持するためには何が大事か聞くと「焦らない」という答えでした。資源は漫画

『PALM』。『PALM』と『アラビアのロレンス』が二大愛読書だそうです。解決像は英語の単位を取る。問題は「英語がわからない」で，これはかなり深刻のようでした。

第 15 回［X 年 X 月 X 日］＋ 12 カ月

往診の日で忙しくてタクシーで来談。リサイクルショップでズボンを 3 本買った。太った体型に合った服を揃えようと考えられた。体重が増えたが吐かなくなり 2 カ月になる。なぜそうできるようになったかを聞くと，私から「治る過程で太る」と聞いたので，ということでした。確かに「ダイエットすると代謝が下がるので，太りやすい体になる。ちゃんと食べることで代謝が良くなって，一時的には太るけれども代謝が戻れば自然にまた体重は落ち着いてきます」という話をした覚えがあります。ほかに工夫として食後にすぐ歯磨きをするために歯ブラシを置いて食べる。痩せたくなったらテレビを見て我慢したとのことです。

不潔恐怖の強迫行動が 2，3 割減った。これはどうやったのかを聞くと自分で認知行動療法をやっていると。どんなふうにやっているのと聞くと，迷ったら洗わない。入浴時間は半分にした。電車で汚い子がいたが我慢した。デイケアは週 4 日，週 1 日は寝る日。デイケアを休む日は電話をする。生活も整ってきています。過去のことでは，英語が苦手なのは，英語がらみでいじめ被害のとてもつらい体験があったということです。問題は過活動膀胱炎で失禁してしまうので，オムツをしているということでした。

第 16 回［X 年 X 月 X 日］＋ 1 年 1 カ月

週 4 デイケア。週 1 日は寝こける。週 1 訪問看護で，その看護師が漫画や通信制の大学の話をしてくれる，話をして楽しい。以前は，働いていて張り合いがあった。食堂やカラオケボックス，歯科助手，テレクラのサクラなどをしていた。過去の話では，いじめ被害の話をけっこうされました。ばい菌と呼ばれてみんなが触らないとか，フォークダンスで「手をつなぐ男子がかわいそうだからフォークダンスするな」と言われ，トイレにこもったそうです。そんなにつらいのにどうやって登校を続けたのとコーピングを聞くと，「母が皆勤賞にこだわったから」ということです。このあたりでトラウマケアも必要かなと思って IES-R（出来事インパクト尺度）を

すると意外と低く 17 ということでした。資源は漫画の『PALM』の話が出ました。感想は前まで遅刻やキャンセルだったが，今日はちゃんとできた。何でできたのとコーピングを聞くと，往診の日だったからということでした。

第 17 回［X 年 X 月 X 日］＋ 1 年 2.5 カ月

　今日は往診があり洗濯もした。昨日はグループホームの見学。不潔恐怖が良くなってきた。帰宅して疲れて，そのまま寝てしまうことができた。除菌は 10 分の 1 にした。デイケアに午前から行くようになった。ドラマセラピーのプログラムが楽しい。生活がうまく回るようになった。食べ吐きが 4 カ月ない。資源は世界バレエフェスティバル。著名なバレリーナのことを教えてくれました。問題は英語が大変で，難しすぎる。貧乏ゆすりがひどい，減薬のため，じっと座って本を読めないということなので，それは主治医に相談しましょうと提案しました。カウンセリングの感想を尋ねると「しっかり話を聞いてもらって助かっています」とのことでした。

第 18 回［X 年 X 月 X 日］＋ 1 年 3.5 カ月

　入浴前に部屋で寝転がることができるようなった。以前は不潔恐怖でお風呂に入らないと部屋に入れなかった。過食欲求が落ち着いてきた。コーピングはジャンクフードではなく，山芋や煮魚を食べる。空腹感と満腹感がわかるようになってきた。朝目覚めて気分が良く，デイケアは午前から行っている。自助グループで「スポンサーはまだ早い」と言われた。スケーリングは 7 か 8。三食食べて 23 時には寝る。デイケア後に勉強している。過去の話では，母親はケチで性差別をした。弟ばかり可愛がった。「女は選挙に行かなくていい」と言っていた。解決像は往診だと高いので主治医を変えて通院にしたい。問題は英語が大変，もう本当にできない。カウンセリングの感想は「前より楽になった」とのことでした。

第 19 回［X 年 X 月 X 日］＋ 1 年 4.5 カ月

　グループホームの入居が決まりそう。来月体験入居。英語のテストが提出できた。デイケアに朝起きて通所。過食が 5 カ月ない。前はアイス 10 個ぐらい食べていたけど今は 1，2 個。不潔恐怖の改善はスケーリングで 5。

大学で学んだ認知行動療法を活用して迷ったときは触る。手を洗った後，2回目を洗う前に待つ。スケーリングが7か8，焦らない。とりあえず座って考えるようにするとおっしゃっていました。解決像は往診をやめて新しい主治医を受診する。問題はグループホームの体験入居で，靴が不潔恐怖で触れないので，靴や洗濯のことが心配。触らないでも靴を履けるように，いつもスリッパみたいにかかとを踏んで靴を履いてらっしゃる。グループホームに入るか悩んでいるとのことでした。

第20回［X年X月X日］＋1年6カ月　キャンセル
第21回［X年X月X日］＋1年7カ月

　2カ月ぶりにまたひょっこりといらっしゃいました，グループホームへ転居した。自転車を運ぶために5時間自転車をこいだ。広い部屋に入ったが不潔恐怖で，結局洗面所が近い部屋に移動した。不潔恐怖のためにさまざまな苦労がある。たとえば靴箱やスマホ充電器の位置だとか，そういう苦労話を聞きました。洗濯を毎日するのは大変なので汚れ物入れを買った。ダイニングで22時まで勉強。主治医も変わった。新しい主治医に過活動膀胱炎は薬の副作用かもと言われて治るかもしれないと思ったそうです。通信制大学の英語は頑張ったけれど単位は取れなかった。そこでみんな大学で初めて学ぶし，バレエのアン・ドゥ・トロワでなじみがあるからフランス語の授業を取ることにした。過食嘔吐は8カ月止まっている。この日のスケーリングは，新しい生活について，0が最初の入居日，10が新しいグループホームに慣れた状態とするとどんな感じと聞くと，「3ぐらい」，不潔恐怖が一時的に改善したということでした。資源としては，「学校図書館」の授業が面白い。運転免許を持っている。叔父の遺産相続のときに取ったそうです。ちなみに叔父は自死で亡くなられています。感想は，「今日は来れてよかった」というのでコーピングを聞くと，まめにカレンダーをチェックしているということです。

第22回［X年X月X日］＋1年8カ月

　フランス語が難しすぎる。高価な電子辞書を購入したがちっとも役立たない。どうして諦めないのと聞くと，必修なので語学の単位を取らないと専門科目が学べない。専門を学ぶことを諦めたくないとのことでした。レ

ポートは提出している。転院して処方がかわったため，過活動膀胱が改善。グループホームの食事や門限・入浴の時間に合わせるのがとても大変。不潔恐怖が改善している。以前は帰宅後，全部服を脱いで入浴しないと部屋に入れなかったが，グループホームでそんなことはできませんので，今はそのまま部屋に入る。「どうしてできるの」と聞くと「仕方ないから」ということです。

　デイケアの通所が1年続き，食べ吐きは半年ない。「何が良かったの」と聞くと「カウンセリングが良かった」。どう役立ったのと聞くと，「ずっと同じものを好きでなくて良い」と言われてバレエをやめることができたと言うので，そんなことを言ったかなと思いましたが，カウンセリングでいつも変化を共に喜んできたので，変化することを肯定的に受け取ったのだと思いました。ジャンクフードを避けている。過食のために他のことができないと困るから。スケーリングは7。過食嘔吐なく，規則正しい生活で，不潔恐怖に関しては5ぐらい改善です。過去の話は6年前，父親が亡くなって過食が悪くなった。父親に，母親がネグレクトしていたことを伝えると「そんなこと知らなかった」と言ったけど，父が知らなかったはずはないとかなり怒っていました。資源が睡眠と健康が改善していること。あとロレンス。父親の遺産でイギリスへロレンスの墓参りに行った話を聞いてびっくりしました。問題は早朝覚醒，それは主治医に相談するということになりました。

第23回 ［X年X月X日］＋1年9カ月

　45分遅刻でした。定刻にいらっしゃらないので，普段は電話しませんが，こういうときに電話するとどうなるのかなと思って，電話をかけて留守電にメッセージを入れました。彼女はメッセージを聞いてタクシーを飛ばしてきました。この1週間，漫画にハマって引きこもっていた。受診もデイケアも行けなかった。じゃあ，何で今日は来れたの？　と聞くと，スマホの留守電に気付いてタクシーに乗った。「タクシー使ってよく来たね」と言うと，キャンセル料が高いからとおっしゃっていました。確かに料金全額を頂戴しております。大学のフランス語の通信指導を提出した。コーピングを聞くと新型コロナウイルスの蔓延防止対策で自宅受験ができるので，今年がチャンスと思って必死で出した。スケーリングは，漫画に1週

間ハマって閉じこもっていたので，今回の漫画のドハマり状態を0，今回
のハマりから抜けた状態を10とすると，2ということでした。どうやっ
て2まで来たのと聞くと，何度か読み通したから飽きてきたということで
す。読み通すといってもその漫画は45巻あります。こういうドハマりが
中学の頃からあって，その頃はスケバン刑事にはまったとおっしゃってい
ました。今回は『風光る』（渡辺多恵子，小学館，1997年）という新撰組
をモチーフにした漫画です。どんな漫画なのと聞くと，普段はほんわか春
子さんなんですが，怒涛の勢いでセリフとシーンを弁士のように話しまし
た。

　漫画はどう役立つのか聞くと，夢中になれるとおっしゃっていました。
解決像は漫画と折り合いがつけられるようになる。今心配なことは，明後
日ケースワーカーと待ち合わせて受診予定だけど行けるかどうか。前回の
受診も「ぶっちぎった」ので，わざわざこういう段取りを組んでくれたそ
うです。問題は漫画にハマってしまうこと。

第24回［X年X月X日］＋1年10カ月

　最後になります。無事，定刻に来談。今日はどうやって来たのとコーピ
ングを聞くと時間を覚えていた，スマホで確認した。でもクリニック受診
は行きそびれて失敗した。ケースワーカーに同行してもらって行く予定だ
った。ただ気がついてクリニックとケースワーカーに電話して，再予約し
て，無断キャンセルとは違う対応ができた。通信制大学のフランス語のテ
ストを提出した。どうやったのと聞くとスマホで調べて頑張ったというこ
とです。「漫画依存症かな？」とおっしゃっていました。漫画のためにタ
ブレットの請求が高額になってしまった。過食よりマシだけど我慢できる
ようになりたいとのことでした。漫画依存症かなと聞かれたときに，「優先
順位がおかしくなるのが依存症，そういう意味では受診に行けなかったか
ら依存症かもしれない。でも，依存症はいろいろすり替えながら治ってい
くもの。過食が何かに変わる，盗癖が何かに変わる，すり替えながらだん
だん被害の少ない依存に変わっていく，これも治っていくプロセスの一つ
ね」と申し上げました。

　今回，何とか抜け出せて，ケースワーカーに電話できた。どうやったの
か聞くと，今回は一通り読んだからフランス語をやらないといけないと思

って我慢したそうです。やらないといけないことがあるのはすごく役立つことなんだという話をしました。過食していないのに痩せないと思い出したように言って，どうしているのと聞くと，気にしないようにしていると。セールで半額になっている菓子パンを買わないようにしたり，筋トレをして3食食べるようにしている。今の体型でも良いかなあとも思う。誰にも迷惑かけてないから。以前は嫌なことが多くて過食していたけれど，今は嫌なことがないということです。スケーリングは7で，尿漏れが改善した。だから，またダンスを習いたい。でも大学が忙しいとおっしゃっていました。以前フラメンコやジャズダンス，インド舞踊を習っていたことがあるそうです。問題としては予定や約束を守ることができない。漢方医も無断キャンセルしたとのことです。

　以上，現在継続中のケースを発表しました。こうやってケースをふり返り，事例検討会に出すことがクライエントにとって役立つことを願いつつ，お話させていただいております。

Ⅳ　考　　察

　解決志向アプローチにおけるケース・フォーミュレーションの特徴について，まとめて考察とします。解決志向アプローチでは，会話自体が「介入」だと考えています。聞き取りと介入をつなぐものがケース・フォーミュレーションとすると，アセスメントと介入とケース・フォーミュレーションが一体，同義です。主訴を抱えながらも，そこに存在している解決，例外を生み出している要因，コーピング，リソースを把握するように聞いていきます。ケース・フォーミュレーションというと，通常は問題のメカニズムを明らかにするということですが，解決志向アプローチの場合には「問題を抱えながらも，今まで生き抜いてきた，そして解決を諦めずに今日，カウンセリングにいらした，そのクライエントの力強さ，コーピング，解決や例外を支えているものは何なのか」という観点でお話を伺います。
　そして，もう一つの重要な観点は，クライエント自身による変化の理論です。例外の話を聞いていると，クライエントにはこうすればうまくいくという変化の理論がどこかにあります。それを一緒に明らかにしていきま

す。それが協働する会話です。「大切なのは変化を起こすことではなく，会話のための空間を広げることである。治療における変化とは，対話を通じて新しい物語を作ることを意味する。そして対話が進むにつれ，まったく新しい物語，『それまで語られることのなかった』ストーリーが，相互の協力によって創造される」これは「クライエントこそ専門家である」というハーレーン・アンダーソン（Harlene Anderson）とハロルド・グーリシャン（Harold Goolishian）の論文の一節です（Anderson & Goolishian, 1992）。新しい物語を作ることが目的ではないのですが，解決志向の面接によって結果として物語が変わっていく，そういうことを含めてケース・フォーミュレーションです。でも全部を意味するということは何も意味していないということにもなります。ケース・フォーミュレーションについてのこういう考え方に，皆様がどう思われたのか，ご助言や感想，質問などいただければと思って発表をさせていただきました。

　　下山　ありがとうございます。非常に刺激的なご提案だったと思います。

文　献

Anderson, H., & Goolishian, H.（1992）The client is the expert: A not-knowing approach to therapy. In: McNamee, S. & Gergen, K. J. (Eds.): Therapy as Social Construction. Sage Publication.（野口裕二・野村直樹訳（2014）クライエントこそ専門家である. In：ナラティヴ・セラピー──社会構成主義の実践. 遠見書房.）

Berg, Insoo K., & Miller, Scott D.（1992）Working with the Problem Drinker.（齋藤学監訳, 白木孝二・信田さよ子・田中ひな子訳（1995）飲酒問題とその解決. 金剛出版.）

De Jong, P., & Berg, I. K.（2013）Interviewing for Solutions. Brooks/Cole.（桐田弘江・玉真慎子ら訳（2016）解決のための面接技法［第4版］. 金剛出版.）

Lambert, M.（1992）Implications of outcome research for psychotherapy integration. In: Norcross, J. C. & Goldfried, M. R. (Eds.): Handbook of Psychotherapy Integration. Basic Books.

田中ひな子（2020）解決志向アプローチ. In：日本ブリーフサイコセラピー学会編：ブリーフセラピー入門. 遠見書房.

Weiner-Davis, M.（1987）Building on pretreatment change to construct the therapeutic solution: An exploratory study. Journal of Marital and Family Therapy, 13; 359-363.

第8章

田中ケースへの質問・全体討論

I　質問タイム（プレゼンメンバー）

Q林　和やかなやりとりをご提示くださりありがとうございました。統合失調症という診断ですが，ずいぶんエネルギーがあって，自助グループやバレエ，通信制大学などに通うなど能力の高い方だなと思いました。

　　質問は福祉事務所の援助を受けているにしてはお金が豊かだなと思いますが，これは途中で出てきた叔父の遺産か何かでうまくやっているのですか。

A田中　まず父親や叔父の遺産を相続した期間は生活保護を切っています。現在の経済状況の詳細については存じておりません。

Q林　この方，外で問題を起こして関係機関から先生のところに相談が来るみたいなことはありませんでしたか？

A田中　春子さんは，関係機関の人にもカウンセリングに来ていることを話しています。必要があれば多分連絡が来て，そういうときには応じたいと思いますが，今のところないです。

Q林　私のイメージでは，ブリーフセラピーは問題と介入がセットで，それを共有することがケース・フォーミュレーションかなというイメージですが，それでよろしいですか？また田中先生の事例は単発のケース・フォーミュレーションの積み重ねだと感じました。そのイメージでよろしいでしょうか。

A田中　問題と介入が一緒というよりも，情報聴取と介入が一緒という

ことです。その情報聴取で解決のために必要なことを聞いていくことが介入になります。そして，林先生のおっしゃる通り単発の積み重ねです。特に春子さんの場合，初回面接時は往診と訪問看護の状態でしたから，継続来談は難しいかもしれないと思いました。結果としてはキャンセルしながらも続いていますけれども，1回1回シングルセッションとして，その1回でまとまりのあるセッションになるように続けてまいりました。

Q伊藤　温かさと，人が回復する資源を信じて進めていくことがすごく伝わってきました。質問の一つはテクニカルな話になりますが，初回のセッションでスケーリングしたときに5とおっしゃっていたと思いますが，このケースに限らず，2回目以降その初回面接を1に設定するのはどういうことなのか疑問に思いましたので教えていただければと思います。CBTでもスケーリングして記録をとりながら経過を見ていく中で，最初が5で次が1になると，えっ，4つも減ったのと思ったりするので，先ほどシングルセッションとおっしゃっていたので，もしかしたらそういうつながりも見ないのかなと思ったので教えていただければと思います。

A田中　スケーリングに関して初回で聞く第1の目的は，プレ・セッション・チェンジ（面接前の良い変化）を聞くためです。面接の予約から当日までの間に約7割のクライエントに良い変化が起こっているというデータがあります（Weiner, 1987）。ですから初回はそういうプレ・セッション・チェンジ，せっかく起こっている変化を引き出すためです。第2の目的は，現在はクライエントにとってどういう状態なのか，その人の人生を基準にしたスケールを知りたいということです。私たちが最初聞いて，「うわ〜すごい，大変そう」と思っても，その人にはもっとひどい時期がある場合があるかもしれません。私たちがこれは2か3かなと思ってもクライエントの人生の中ではもう6まできています，という場合もあるわけです。私たちのところにカウンセリングに来られるときは大概ゼロではない。

　人生最悪の時から良くなって，今日クライエントが来たんだと。つまり解決はすでに始まっているというスタンスで，初回面接でお目に

かかります。2回目以降はカウンセリングがうまくいっているかを確かめるためです。質問票を使って調べる方法もありますが，病院とは違いますのでクライエントがカウンセリングに行く必要があるなと思えば来ますし，もういいやと思えば来ない。だから潜在的にクライエントの中にそのスケールはもうすでにあるはずなのです。それを数値化して教えていただくということです。この方の場合は順調に7にきましたが，仮に何回も来てもずっと1ですとか，本当はゼロなのにお世辞で2と言っていますとか，そんな感じの時は，「せっかく通っているのに，なんかうまくいってないようですけれど，問題を解決するために何が必要でしょうか？」ともう1回仕切り直しをする必要がありますということで，このカウンセリングがうまくいっているかをクライエントがどう評価してるのか，そのために，2回目以降は初回面接を1として伺っています。

Q伊藤　もう一つの質問は，春子さんのこのケース，シングルセッションが続いていく場合，その終結はどういうイメージをされているのでしょうか？　終結という概念そのものがないのかも含めて教えていただければと思います。

A田中　カウンセリングは，医療機関でも司法機関でもありませんのでクライエントがいいやと思ったらもう来なくなるわけです。ですから，それについては話し合って決めます。だいたい7か8ぐらいまできたらそろそろ終結かなと思って，「次回はどうしますか」と聞きます。「だいたいよくなったから後は自分でやります」という返事が返ってきて終結になる場合もあります。10になっても「何が起こるかわからないので保険がわりに通います」という人もいます。何のために，どういう目的でカウンセリングに来ているかを確認するためで，数字はなんでもいいのです。

　春子さんの終結は考えているところです。彼女から，こうなったら終結するという話は今のところ出ていません。今回私がこの事例を出そうと思った理由の一つには，このケースの終結がどういう形になっていくのかの迷いがあったからです。来談のきっかけの1つは，スポンサーはまだ早いと人に言われたということでした。自助グループでは先を行く仲間に助言者になってもらい，回復プログラムを実践する

のですが，残念ながら彼女はもう何十年と自助グループに行っている
のにスポンサーが見つからない，これは孤独だと思うのです。でも措
置入院となった過去などを考えると，自助グループのメンバーが簡単
にはスポンサーを引き受けられないという事情もわかります。

　彼女はいつもカウンセリングの感想で「楽しかった」と本当に嬉し
そうに言います。私は純粋に楽しく聞けていましたが，彼女の怒涛の
マンガ話に付き合える人ってあまりいないと思うんです。また生保と
の兼ね合いもあります。基本的にはクライエントと 10 になるのがど
ういう状態かを話し合ったり，あるいは 7 か 8 でも，これならやって
いけそうって言った時点で終結にします。春子さんの場合，当初の目
的で言うとスポンサーが見つかることだと思うのですが，どうしてい
こうかと思っているところです。

Q下山　春子さんに合わせて解決志向アプローチを微調整したことはあ
　りますか。つまりほかのケースとは違い，この人はこれが大事だと思
　ってやったところなどありますか？
A田中　いい質問をありがとうございます。普段解決志向アプローチの
　場合にはコーピングをしつこくしつこく聞きます。ほかにはどんなこ
　とをしたとか，ゴールの話とか，もっと細かくしつこく話します。です
　が春子さんは，答えたくないことやわからないことを聞かれると固ま
　るんです。怒るわけではなく，いつもはにこやかな春子さんなんです
　が本当に固まって険しい顔になる。このようにケースをまとめると解
　決志向の技法をかなり使っているように聞こえるかもしれませんが，
　通常の面接ではしつこくコーピングとかゴールのことを 10 ぐらいの
　強さで聞きますけれども，彼女の場合には 3 か 4 ぐらいの強さで聞い
　ています。ほかには漫画の話を聞くことが解決志向かという疑問があ
　るかもしれませんが，彼女にとっては楽しく夢中で話せることはすご
　く重要なことで，リソースなんだろうなと思ってちゃんと聞くように
　しています。
Q下山　事例発表の中の典型的なというか，CBT のケース・フォーミュ
　レーションの話をお聞きになって，逆にどう思われるのか教えていた
　だきたいです。

A田中　みなさん知識豊かで，すごく難しいことを諦めずに根気強くな
さって，ご立派だなと思います。解決志向アプローチはやはり特殊だ
と思います。問題志向アプローチだと問題を明確化して，その原因を
特定して原因を除去することによって解決する。その原因を除去する
方法というのが介入としてあるので，その3段階があるわけです。解
決志向アプローチのときにはダイレクトに解決していきます。創始者
の1人であるスティーブ・ド・シェイザーは「オッカムの剃刀」と言
ってますけれども，「シンプルであることはいいことだ」という哲学で
やっています。

　あともう一つは，問題志向アプローチは私もトラウマ治療でEMDR
などしますので，その時はちゃんとアセスメントしてフォーミュレー
ションしてやっています。問題志向アプローチも優れていると思いま
すが，ただ問題がたくさんあるときには原因もたくさんあるので，そ
れを一つひとつ特定していくのはすごく大変だと思います。春子さん
の場合も，問題がすごくいっぱいあるし，多分先生方の頭の中には，
これが原因だなっていうのがたくさん浮かんでいると思います。この
ように問題や原因が多い場合には，一つひとつ扱うのは非常に難しい
ところがあります。解決志向は，多問題家族が多いアディクション臨
床の現場で生まれたので，こういったやり方になったのでしょう。

Q下山　ケース・フォーミュレーションの根本はクライエントが問題を
語り，解決していくことを邪魔しないことなのかなと思います。前回
の林先生の明確な介入ということがなくても良くなっていった事例な
ども思いだしたりしました。

Q田中　確かにクライエントを邪魔しないということです。それを更に
進めて，クライエントの一歩後ろからリードする。これは解決志向で
よく使われる言葉です。一歩後ろにいながらリードする。それが「ク
ライエントこそ専門家であり，セラピストはインタビューの専門家だ」
という，会話の道筋をリードするのはセラピストだけれども，解決の
専門家はクライエントだというスタンスを感じていただければとても
嬉しいです。

Q林　「一歩後ろからリードする」。めちゃくちゃ逆説ですね。普通リー
ダーは一歩前ですので，そこが面白い。私はガチャガチャ調べまくる

のですが，田中先生の方は，「秘すれば花」みたいな，上等な芸術みたいな感じがします。

A田中　ありがとうございます。クライエントさん自身のサバイバル技術，コーピングが本当に素晴らしいので，それに魅了されてお話を伺うという時間だったように思います。

Ⅱ　質問タイム（コメントメンバー）

Q津田　丁寧にご本人の話を聞く，労うことの大切さを学ばせていただきました。また，私が公共の就労支援の施設にいるため，福祉のサポートを受けながら，自費でカウンセリングを受けるケースもあるのだなと考えつつお話を伺っていました。

　　質問の1点目は，ご本人の現実に立ち向かう力，現実検討能力をどのように見立てられているかについてお伺いしたいと思いました。

A田中　「いや～，ほんとそうなんです」と言ったら答えになりませんが，この方の現実検討能力をむしろみなさんにお伺いしたいです。本当にわからないです。最初は継続できるかなと思いましたし，遅刻だと思えばタクシーで来て，生保なのにお金はどうなっているのだろうと心配もします。ただ幸いにも私は公的な立場の人間ではないので，この方の立場でだけ考えて，この方の味方になるというのが，私の役割と思ってやっておりますとしか言いようがないです。

　　現実検討能力は，見立てはしてないとは言ってもどこかで気にしています。大学の授業でいい成績を取ったり，バレエもかなり続けているので意外と高いのではないかと思うのですが，現在は不潔恐怖にかなりのエネルギーを奪われている状態です。過食もそうですが，それらが改善したとき，この人の人生はどうなるんだろうと考えます。ただ一方で生活保護だから安心できているという部分もあります。あまりこういった言葉は使いたくないけれども，疾病利得の側面があります。診断書には統合失調症とありますので，そうなんだろうなと思いつつ，実は運転免許証を持っているとか，ロレンスのお墓参りに1人でイギリスに行ったと聞いて，驚かされるばかりです。初回面接ではそんなことができる人だとはとても思わなかったので。全然答えにな

っていませんが，見立てやケース・フォーミュレーションをしていな
いと，こういう場ですごく困ります。

Q津田　このケースに関して，ご本人の課題にも着目した場合，ご本人
はここで頑張った，いいことをしたという感じで語っていても，現実
的に肯定していいのか，そうではないのか，正直，迷う部分もあるよ
うに思われました。先生としては，どのように関わり方を進めていか
れたのか教えていただけますでしょうか。

A田中　たとえば津田先生から見て，ここの部分は肯定しづらいとか，
しないだろうなっていうところを言っていただいた方がいいかと思い
ます。

Q津田　一番にはお金の使い方があります。生活保護を受給中の状況で，
大学に行ったり，漫画を 1,000 冊持っていたり，タクシーを使ったり。
一概にそれがいけないとはいえませんが，金銭管理の観点では心配な
点と思います。また主訴としても「バレエに行きたい」や「国会図書
館に行きたい」というところで，それをどの程度本人の課題，現実に
見合う目標として扱っていくのか，本人の状態や今後を踏まえて精査
する必要があると感じました。この方はすぐの就労という形での社会
参加は難しいのかもしれませんが，どんな目標設定をしていくのがい
いのだろうとも考えました。

A田中　今質問してくださった部分を私が気にしてないというと嘘にな
ります。ただなぜその方向に行かなかったかというと，措置入院を解
除されて来談したことが大きいです。やはり措置入院でかかる医療費
を考えると，私の任務としては措置入院しないで生活できる，それを
サポートするだけでも十分意義があると思います。日本の精神科病院
は世界的に見て入院者数がきわめて多いですし，もちろん，必要なと
きには入院すればいいですけれども，入院せず通院で生活できるだけ
でも医療費削減に貢献しているのではないかと考えていただきたいと
いう感じです。

　　就労支援のことも聞いています。「就労支援や作業所とかあるけど，
どう」と言うと，先ほど言いましたように固まります。イヤだとは言
わず，本当に黙って固まってしまう。今はそういうタイミングではな
いんだなと思っています。ですから現在の目標としては，とにかく入

院しないで，通院で生活できるということを第一にやっております。

Q津田　カウンセリングルームの枠組みであるからこそできる関わりだなと感じました。ありがとうございます。

Q吉村　先生の温かい雰囲気に下支えされながら，クライエントが自分に対処力があることを確認できたり，セラピストが徹底的に生活に寄り添って，シングルセッションと考えながらケース・フォーミュレーションされているところがすごく印象に残ったケースでした。

　　質問は，福祉の対象の方への何か特別な枠が用意されているのでしょうか。日本でも保険がもっと効いたり，料金が安くなるシステムが整えばいいなと思います。

　　また，伊藤先生のアロマだったり，田中先生の場合ですとお電話されたりといったエクストラケアについてはどのように心がけておられるのか，先生の個人的なものでいいので指針があれば参考にさせていただきたいなと思います。

A田中　まず福祉の対象の方に，料金を減額することはしていません。私たちも経営が厳しい中で税金を納めて営業しております。ただ最近，地域によってはカウンセリングに公的補助がいただけるので，生活保護のクライエントさんが増えています。そういうこともあって今回春子さんのケースを紹介しました。「通院歴20年，生活保護」という方を私は数人担当しています。これは新しい動きかなと思います。

　　エクストラケアについては，電話のセッションがありましたけれども，電話カウンセリングの枠として通常通り1セッション12,000円プラス税金を頂戴しています。時間通りに来ない場合，以前は電話しませんでした。クライエントには休む権利があると思っていましたが，別にクライエントが権利を行使しようと思って休んでいるわけでもないようです。コロナ禍でちょっと考え方が変わりました。Zoomで接続が悪いときに電話をかけたりしていたので，電話をかけるのもありかなと思って，「今日，ご予約ですけれど，どうなさいましたか」と，気にしていますよという電話を入れたりします。日時を勘違いしてほかの日にひょっこりいらしたら，私も困ってしまいますので，その程度のお電話を差し上げるようにしております。

Q吉村　バレエが彼女にとって小さい頃からとても大切な要素ですが，ネグレクト的な家庭環境とバレエが習えたちぐはぐ感とか，その後も彼女の生活上でのバレエの位置づけって結構大きかったかなと思っています。結局先生とのカウンセリングの中で最終的には，好きなものは変化してもいいと変わっていきましたが，彼女にとっての意義をおっしゃっていた。それについて教えていただきたいです。また先生としての位置づけなどあれば教えていただきたいです。

A田中　ドケチの母親から「バレエなんかとんでもない，お前は太りやすいからダメ」と言われて，彼女は「ダイエットした」とさらっと言いましたが，私の想像半分ではハンガーストライキをして，周りがどうしようもなくなって始めることができたのでは？　という気がします。彼女にとってのバレエの意義は，何度か聞いたのですがあんまり話されない。リソースの話題が出たときには，それはどういうふうに役立つのかを必ずセットで聞きます。バレエはどんなふうに役立つのか聞いてもはっきりとしたお答えはなく，むしろ固まった無表情です。

　ちなみにお金の件で彼女のために申し上げると，漫画は全部古本，服も古着です。バレエとかも公的体育館で無料でできたりします。今回東京オリンピック開催の影響で公的機関が使用できず，彼女はしょうがなく民間に行ったようですが，福祉を受けていると公的施設ではほぼ無料で習うことができます。

Q岡野　田中先生の発表を聞いて，変化が絶えず起こって，それがゆらぎであるとおっしゃったことが印象的でした。要するに人間の心って何が原因で何が結果かわからないし，何がどういうふうに作用して，どういうふうに変わっていくかも実はわからない。我々がいろいろケース・フォーミュレーションをしたって実はそれが当たっているかどうかわからない。それを逆説的に述べていたのが田中先生のやり方だと思います。確かに我々はいろいろ駄目出しされるより，これはできているのに自覚してないのねって言われた方が遥かに心に入ってくると思いました。

　我々がやっているケース・フォーミュレーションはともすると，クライエントのできないところばかり並べて，ストレングス（強み）を

　　書かないでやっていきますが，このケースではリソースがすでにこん
　　なにあるじゃないですかとやっていく。これもケース・フォーミュレ
　　ーションとして捉えていいのではないでしょうか？

A田中　はい，そう思います。ストレングスも含めて，弱点と強みの両
　　方を合わせて，それが客観的なケース・フォーミュレーションだと思
　　います。このケースは，さまざまな援助職のお膳立てのあるところで
　　面接をしたことを申し上げたいと思います。主治医や訪問看護，ケー
　　スワーカー，またデイケアの方で行動計画も立ててもらっている。そ
　　の関係性の中で私は今日お話したような役割を担うわけです。逆に医
　　師や看護師，ケースワーカーが，問題部分の見立てをしてサポートし
　　てくださっているからこそ，私はこういう面接の展開ができたと思っ
　　ています。ですから，むしろ医師や看護師，ケースワーカーの福祉の
　　視点とは違う役割，春子さんは私に何を求めてここにいらっしゃるの
　　だろうかと思いながら，このような解決志向のやり方が役立ったとい
　　うか，必要だったんじゃないかなという思います。

　　　先ほど下山先生がクライエントの邪魔をしないとおっしゃっていま
　　したが，私は関係機関の邪魔をしないことを意識的にしておりました。
　　関係機関との関係が円滑に行くようなことを心がけて，お膳立てのあ
　　ったうえでこの面接をさせていただいたので，そうした関係機関の方
　　にもお礼を申し上げたいと改めて思います。

Ⅲ　全体議論

伊藤　会話そのものが治療であるということで，セッション中は記録を
　　取ったりせず，会話をメインに展開されるというイメージであってい
　　ますか？

田中　びっしりではなく単語くらいは記録を取っています。メモを取る
　　こともコンプリメントに入りますので，重大な例外があったときに，
　　「ちょっと待って待って」と，わざと身を乗り出して，「ちゃんと提出
　　できた」と書いたりすることもあります。

伊藤　ソリューションの場合は，治療関係の査定は客観的にセラピスト
　　がするものなのでしょうか？　またこのケースの場合，どんな感じで

関係性が始まり，展開したのかを教えていただければと思います。

田中　最初の方で簡単にしか説明しませんでしたが，治療関係は３種類あります。１つ目がいやいや来させられている。２つ目が問題を抱え困っているけれども，積極的に行動するのではなく，ほかが悪いからほかが変わればいいという状態。３つ目が問題の解決のために行動するという意欲がある関係です。

　春子さんは，いらっしゃるときにはにこやかで，私も楽しくという感じ。ただ来れない時があるわけで，そういうときに彼女が何を思っているかはわからないです。治療関係で言うと，アダルト・チルドレンを主訴となさっている方は，変わりたいという部分はあるけれど，どこか親のせい，虐待のせいでこうなったと思っているので，私の方でも行動課題は出しませんでした。質問の際も，彼女特有の固まる状態が出ますので，そこで引っ込めて「ごめんね，難しいこと聞いちゃったよね。そんないきなり聞かれてもわかんないよね。わからない，と言ってもいいからね」という感じで関係を保持していました。彼女としてもよく思われたいという部分があったと思いますので，過大な要求をして無理させることがないように気をつけていました。

　関係性の変化は，主訴が最初はバレエだったのが過食の問題になり，その後不潔恐怖の話に変わって，特に認知行動療法を通信制大学で習ったあたりで，初期は話題にもならず諦めていた問題に，頑張って取り組んでいこうという意欲が出てきたという展開でした。

林　私が考えているイメージは，一般のケース・フォーミュレーションはユークリッド幾何学で，システム論だとか逆説でやる人たちは非ユークリッド幾何学だと思っています。ケース・フォーミュレーションでは一般にさまざまな情報の間の結びつきを想定します。それは，連続的，直線的な関連であり，患者にも説明可能です。しかし，システム論の介入やミルトン・エリクソンの治療は，異なるレベルからの非連続的な働きかけが行われます。患者には，それがどのような意図で行われたかが説明されないことがしばしばあります。先生の治療では，その辺はどのようなイメージでしょうか？

田中　ブリーフセラピーにもさまざまな流派がありますので，システムズ・アプローチや逆説（ミラノ派家族療法）とちがって，解決志向の場合には手の内を明かさないということは全然ありません。むしろオープンダイアローグのように，クライエントに聞かれて困ることは何もないっていうところです。インスー・キム・バーグが解決志向の立場で言っているのは，クライエントに聞かれて困るようなことをケースカンファレンスで話すということです。それを腹に納めて話さないというのとも違います。解決志向の考え方でやっていくと別に隠す必要がない。腹のうちも何もなく，そのまま話す。つまり今日，ここでお話していることも含めてクライエントさんが聞いて傷ついたり，援助の妨げになるようなことはソリューションの枠組みの中で考えている限り，そういう言葉など，あえて隠さなければならないようなことは何もないと思います。

　たとえばミラクル・クエスチョンをして，「なんでそんなこと聞くんですか」と聞かれたら，ちゃんと説明します。「今日初めて会うから，あなたがどんなことを望んでいるのか，あなたのベストホープを聞きたくて，聞いているのよ」と話します。技法に関してスケーリングでも，「なんでそんなことを聞くんですか」と聞かれたら，そんなことは３年に１度ぐらいしかないですが，あなたにとって今の状態がどういう状態なのかを教えてもらおうと思っていると，技法のタネ明かしというか，目的は全部説明していきます。説明できないような介入はしない。当たり前といえば当たり前のスタンスでやっております。

岡野　林先生の先ほどのブリーフは非ユークリッド幾何学というお話ですが，これはものすごく大事なことを示していらっしゃる。ケース・フォーミュレーションは仮説でしかないというわけです。だから一旦作ったとしても，診断がレッテルであるのと同じようにケース・フォーミュレーションだって常に共同作業で壊されていくというものと考えられます。つまりケース・フォーミュレーションをしない方針もあるけども，柔構造でするというのも含めてケース・フォーミュレーションかなと思うのですがいかがでしょうか。

田中　確かにそうですね。通常だったらここでこういう問題が起こるは

ずなのにそれが起こらないのは何かという，問題のケース・フォーミュレーションに当てはまらない，そこからすくい落ちているもの，変化していくもの，そこに目を向けるという意味では柔構造です。問題のケース・フォーミュレーションの例外や変化を探す作業と言ってもいいかもしれません。

下山　問題が見えないところを見ることによって，逆に問題が見えてくるように感じました。もう一つ思ったことがあります。セラピストは，面接室の中でクライエントの語りを聞いて，そこでの語りから現実で起きている問題を推察しようとします。つまり，語りから，語り手が生活している日常という舞台で何が起きているのを推察する。今日のケースでは，日常の出来事を推察するだけでない，日常生活という舞台にある資源を見つけていくのだと思いました。しかも，本人の資源だけではなく，医者やケースワーカーも含めて，その人の生活の舞台の中で起きていること全部を資源として見ていく。つまり劇として起きている生活の物語を見るという視点をもって動いているのだと感じました。ただ，全くでたらめにやるとトラブルを起こすことになるので，そのあたりの塩梅はどうされているのでしょうか？

　もう一つ，診断はラベリングだというお話もありましたが，この人は発達障害じゃないですかね。非常に感覚過敏でセンスのいい発達障害，知的には高い人。だけど感覚過敏すぎるので情報をまとめきれない人。これは診断というよりもこの人の持っている資源かなと思うんですけど。

田中　確かにそういう傾向はあると思います。それを資源として今後展開できるといいなと思っています。解決志向の技法は侵襲的なことがないので，これをしたことでクライエントが傷ついて大変なことが起こることはほぼないと思います。ミルトン・エリクソンのブリーフセラピーではいろいろちょっと奇妙な介入みたいなのもあるかもしれませんが。

下山　ケース・フォーミュレーションを超えたケース・フォーミュレーションの議論になっていて，本当に根本的なところだと思います。

林　田中先生は，家族療法のケース・フォーミュレーションはイメージ
　が湧きますか。

田中　家族療法にもいろいろな流派があります。たとえばミニューチン
　の講造派，ヘイリーの戦略派，ボーエンの多世代派ですとか，ヘイリ
　ーの戦略派。そういった家族療法家の方はケース・フォーミュレーシ
　ョンをなさっています。

下山　ありがとうございました。2日にわたってエキサイティングな議
　論ができたと思います。それぞれまったく違うケース・フォーミュレ
　ーション観というか，最後はケース・フォーミュレーションって何か
　という話にもなってきました。ケース・フォーミュレーションをセッ
　トアップするのが大事なのではなく，いい支援，いい臨床をするため
　にケース・フォーミュレーションが大事だという議論だったと思いま
　す。ケース・フォーミュレーションはあくまで仮説ですから，いろん
　なことがあり得るわけです。
　　田中先生，今日は非常に緊張されたということですが，最後に緊張
　が解けたところで一言お願いします。

田中　本当に緊張していました。ケース・フォーミュレーションは私の
　専門ではないので，改めて学ぶ機会をいただき，ありがとうございま
　す。毎回，勉強させていただきました。発表前は，こんなのはケース・
　フォーミュレーションじゃないとか，ケース・フォーミュレーション
　しないのは臨床家として失格だとか，厳しい叱責を受けはしないかと
　怯えていました。でもそういうことはなく，私の拙い発表をみなさん
　が理解しようと思って一生懸命に耳を傾けてくださいました。また，
　一つひとつの質問が納得がいくといいましょうか，しっかりと聞いて
　くださったからこそのご質問だと，ありがたく頂戴いたしました。
　　ケース・フォーミュレーションという言葉を通じて先生方が集い，
　こういう場，時間が生まれ，こういう会話が生まれ展開できたのは素
　晴らしいと思います。今嬉しい気持ちと安堵した気持ちでおります。
　どうもありがとうございました。

　下山　ありがとうございました。参加のみなさんも長いことありがとう
　ございました。これで大事例検討会を終わりにしたいと思います。

第9章

事例検討会リコメント

I　下山リコメント

　今回の事例検討会は，林　直樹先生と一緒に編集をさせていただいた『精神療法』誌増刊号「ケース・フォーミュレーションと精神療法の展開」の経験を出発点として企画しました。事例検討会を終えての率直な感想は，「準備が大変だったけれども，やってよかったな」というものでした。事例検討会の場でプレゼンをしてコメントをいただき，みなさまと意見交換できたことに加えて，オンラインで参加し，その意見交換をご視聴していただいたみなさまにチャットやアンケートでコメントを寄せていただけたことが何よりも嬉しかったです。

　私自身，ケース・フォーミュレーションをはじめとして臨床心理関連のテーマで文章を書いてきましたが，自分の仕事の最も重要な核には臨床実践があります。実際のところ，私は，自分自身の臨床実践から生まれたアイデアや見方を原点として，それに海外の知見なども加味して論文や書籍などを著してきました。ですので，私にとっては論文や書籍は“上澄み”のようなものであり，その中核にある臨床実践を尊敬する先生方や心理職のみなさまと共有し，議論することで自分自身を確かめ，発展させたいと，常々思っていました。それが今回実現できて，とても嬉しかったです。それと同時にほかの先生方の実践も学ばせていただき，相対的（客観的？）に自分の特徴を知ることができました。

　今回，みなさまからの意見やコメントをいただき，自分がどちらかといえばエネルギッシュに動く人間であると，改めて自覚しました。私自身，

これまで「クライエントさんと心理的につながり，それを基盤としてクライエントさんが巻き込まれている人間関係の悪循環（つながり）を変えていくこと」を「つなぎモデル」と勝手に呼称し，実践していました。クライエントさんと"つながる"場合には，アセスメントに基づく正確な共感が何よりも大切と思っています。こんがらがった人間関係の"つながり"を変えていくためには，行動療法，認知療法，家族療法，ブリーフセラピー，コミュニティ心理学の方法を私なりにアレンジして使っていました。それに加えて，以前から箱庭や夢分析も必要に応じて使っています。

　今回のコメントをいただいて，そのような私の"ごった煮"のようなやり方が，エネルギッシュに見えるのだろうと思ったりしています。ちなみに，私は，認知行動療法の旗振りをしているように思われていることもあるようですが，私は，つなぎモデルの中で認知行動療法の役立つ技法を使っているだけで，決して認知行動療法学派に与する者ではありません。そのことも，改めてみなさまのコメントをいただいて，お伝えしておかなければと思った次第です。

　それと，なぜ自分がケース・フォーミュレーションを大切にしてきたかについても，みなさまのコメントを読ませていただき，洞察できました。それは，「つなぎモデルは，"ごった煮"だからケース・フォーミュレーションに注目した」ということです。クライエントさんといろんなレベル（無意識も含めて）でつながり，それを命綱としてクライエントさんの人間関係や社会関係のつながりに介在し，そのこんがらがった"つながり"を変えていくためには，どうしても"ごった煮"のような状態にならざるを得ません。それで，つなぎモデルを実行するときには，その時に自分が考え，実行していることを，できる限りクライエントさんに伝え，共有し，納得してもらいながら協働して問題の改善に当たりたいと思っていました。そうしないと，私自身もクライエントさんも，ごった煮の中で迷ってしまう（溺れてしまう）からです。今回，みなさまからのコメントを刺激として内省が進み，そのことに気づきました。私がケース・フォーミュレーションを大切にするのは，意外に単純な理由だったようです。

　それに加えて内省が進んだことがありました。それは，「今回の事例を聴いて改めて感じるのは，心理支援サービスを必要とする者がどうすればそのサービスにつながることができるのかということです」という趣旨の

コメントを，一般の参加者の方からいただいたことがきっかけです。さらに，「心理支援を受けることができれば，その方の生活の改善に役立つことがあると思うことも多いが，主治医に，あなたはカウンセリングは必要ないと言われたり，心理サービスは高額なために利用が困難であったりするなかで，自分は心理職としてどうしたら良いのか」というご質問もありました。

　つなぎモデルを標榜している自分にとっては，上記のような心理サービスをどのように社会につないでいくのかが，改めて重要なテーマであることも気づきました。ケース・フォーミュレーションは，その事例のクライエントさんだけでなく，心理職同士でもそれぞれの立場を超えて自分達は何をしているのかを共有し，切磋琢磨する資源になればと思っています。そして，ケース・フォーミュレーションが心理職の仕事とはどのようなものなのかを社会全体に伝える資源となり，心理サービスが社会につながっていく媒体になればと夢想している自分に気づきました。社会に心理サービスがどのようなものを知ってもらい，ユーザーとつながる媒体にケース・フォーミュレーションがなればと願っています。

　みなさまのコメントに改めて感謝を申し上げます。

II　林リコメント

　このたびは，事例発表の機会に恵まれたことに加えて，ご参加のみなさまのレスポンスへのコメントもさせていただけること，とてもありがたく感じています。まず，多くの方が言及しているケース・フォーミュレーション（CF）の多様性について述べます。CFを広く捉えるのは自然なことですが，さまざまな治療で使われるCFの位置づけについて明確にしておくことは必要だと考えます。個々のCFごとにどこに把握の力点があるか，どのように介入と結びつくのかなどの点で違いがあるために，CFの形式や機能について，なおいっそうの整理が必要だと感じました。

　次に，私の発表で不十分だった点を補いたいと思います。どんなCFでも治療と結びつけられなくては意味がありませんが，私の発表では，それについての説明が希薄でした。本人の訴える問題（たいていが主訴）をCFの中で受け止めて，それへの対策をクライエントと治療者とが一緒に考え

るというのが定番の介入ですが，私の事例（Bさん）の場合は，CFの中で主訴であるリストカットと過量服薬を，それに取り組む準備がまだ不十分だとの判断の下でスルーして，当面取り組むべきは複雑性PTSD（CPTSD）による問題であると捉え直して，その療養をお勧めするという介入を実施しました。この介入法は，ごく一般的なものであり，療養モデルもしくは養生モデルを適用したものと捉えることができるでしょう。また，CPTSDの性格的側面には，経験や学習を重ねていくことで克服することをお勧めするという働きかけを行いました。これは成長促進モデルということができるかもしれません。この事例は，もともとの能力が高い人であったということで，このような基本的な治療モデルを適用するだけでも，まずまず治療を進めることができました。みなさまのコメントでもこのCFと治療の結びつきに関わるものが複数ありましたので，ここに説明を追加させていただきました。

　それにしても参加のみなさまの豊かで多様なレスポンスは勉強になります。比較心理療法学といった研究領域を提案している先生がわが国にもおいでですが，そういう視点は，発展可能性の高いものだと改めて感じました。

Ⅲ　伊藤リコメント

事例検討会に参加してみての感想

　このたびは貴重な機会を頂戴し，ありがとうございました。ほかの先生方の事例とケース・フォーミュレーションの有り様に触れることによって，そして何度もディスカッションさせてもらうことによって，これまで，ある意味自明のものとして行っていたケース・フォーミュレーションが相対化されたことが，一番の収穫でした。さらに私自身，発表する事例のスライドを準備するにあたって，ケース・フォーミュレーションとは事例の前半で行われる「気づきと理解の整理」のみならず，事例全体で展開されている営みであることにあらためて気がつくことができました。私自身の「ケース・フォーミュレーション・スキーマ」が拡張された実感があります。

　それにしても具体的な事例を共有し，議論すること自体，非常に面白い

ものですね。下山先生の事例は，私も先生と同様に認知行動療法（CBT）
をベースに臨床をしておりますが，同じCBTでも，具体的なやり方の違い
があることがわかって興味深かったです。下山先生の事例は，セラピスト
の力業で，次から次へとフォーミュレーションが繰り出されるといった印
象を受けました。ホワイトボードに勢いよくフォーミュレーションを外在
化する下山先生のエネルギッシュなお姿が目に浮かぶようでした。林先生
の事例では，セラピスト側がケース・フォーミュレーションをしっかりと
持っておく重要性を知りました。すべてをクライエントと共有するのでは
なく，整理された情報の何を共有し，何を共有しないのか，という見立て
自体もケース・フォーミュレーションの一環なのだと思いました。田中先
生の事例からは，さまざまなリソースを駆使しつつ，毎回のセッションを
一期一会で行うということの切実さと迫力を感じました。あえてケース・
フォーミュレーションというワードでは考えない，というのが解決志向ア
プローチではあるようですが，しかし事例には田中先生のケース・フォー
ミュレーションが確実にあったことを感じました。

　3人の先生方の事例を聴いて共通して感じたのは，柔軟性の高さです。
出てきたものを柔軟に取り込みながら，クライエントファーストで事例が
展開していく。それに比べて私自身のやり方は型にはまっており，いささ
か硬いのではないかとも感じました。ただ，私は型があったほうが安心し
て取り組める質なので，先生方の自由な柔軟性をまぶしく感じながらも，
自分なりのやり方のなかで，今回学んだ柔軟性を求めていきたいと思いま
した。

なぜ発表事例を選んだのか

　今回なぜ発表させてもらった事例にしたのか，についてコメントもあっ
たので簡単に説明いたします。それは今回のテーマであるケース・フォー
ミュレーションが非常にわかりやすく示せそうなスキーマ療法の事例であ
ったから，ということです。さらにこの事例は，クライエント自身が作成
した「スキーママップ」「モードマップ」があまりにも素晴らしく，ぜひ，
セラピストではなくクライエントの成果や達成としてのケース・フォーミ
ュレーションという側面をみなさんにお示ししたいと考えたからです。み
なさんのコメントを拝読して，この事例を選んだことは正解だったと思い

ました。発表を許可してくださったクライエントさんには深く感謝いたします。

スキーマ療法の習得について

ディスカッションでも，アンケートでも，スキーマ療法の習得についてコメントがありました。とはいえ「スキーマ療法ならでは」という特別なことがあるのではなく，おそらくほかのアプローチと同様のさまざまな取り組みが，習得には必要なのだと思います。それは具体的には，ベーシックなテキストを読み込むこと（入門書だけでは不十分です），ワークショップや研修会に参加すること，自分でも繰り返し体験してみること，スーパーバイズを受けること，事例検討会で発表すること……等々です。地味な回答で恐縮です。ですが，セラピーの習得というのは，おそらく時間のかかる地道で地味なものではないかとも考えます。スキーマ療法を共に学び実践する仲間が増えてくれれば嬉しいです。

以上になります。

Ⅳ　田中リコメント

当日ご参加の皆様，貴重なコメントをお寄せいただきましてどうもありがとうございます。みなさまが熱心に視聴してくださったことが伝わってきました。拝読しながら，さらにケース・フォーミュレーション（CF）について考えることができました。コメントに対する私の感想を述べながら，いただいたご質問と疑問にお答えしたいと思います。

解決志向アプローチ（SFA）では CF をしないのか？

CF を「収集した情報を整理・統合して問題の形成要因と維持要因を明確にして，心理支援の方針を作成するための作業仮説」と定義したならば，SFA では CF をしないと考えられます。今回は，CF を「収集した情報を整理・統合して，心理支援の方針を作成するための作業仮説」と定義して発表いたしました。その目的は「自分の臨床を説明する」ことです。

……という前提で準備をしていたのですが，CF の専門家である 3 人の先生方の素晴らしい CF を拝聴して，上記の「自称 CF（私見）」を「CF で

・クライエントの思考の枠組み　重要な事柄と人

・ゴール・解決像

・問題解決後の状況・生活／今回ゴール

・例外（変化・解決）

・例外のコーピング

・リソース（資源）

・クライエントの評価　スケーリング・クエスチョン

・クライエント - セラピスト関係タイプ

⇩

・上記について面接中や終わりにフィードバックする
　コンプリメント＆提案

図1　解決志向アプローチのケース・フォーミュレーション

ある」と主張することがおこがましく感じられ次第に弱気になり「CFを
していない」というような感じの発言をしてしまいました。申し訳ござい
ません。みなさまの感想の中で「田中はCFしていない」「準備不足」と受
け取られた方もいらしたようなので，ここで明確にいたします。

　私は問題の形成と維持要因に関するCFはしていませんが，何も考えず
に（私の個人的性格，「人柄」に基づいて）面接をしているわけではなく，
解決志向アプローチという理論と心理療法の効果要因研究（Miller, S. D.）
に基づいて，情報を聴取・整理して心理支援をしています。ここで，当日
プレゼン冒頭で用いたスライドを再掲いたします（図1）。

　私の介入は上記のCFに基づいています。たとえば，最大のリソースで
ある援助関係者たちを活かすために，心理職としてどのような役割を取れ
ばよいのかと考えます。海外旅行という例外（過去の成功体験）の詳細を
尋ねることによって，クライエントはその体験から得た自己効力感や生き
る喜び，可能性を想起します。通信制大学は例外（変化）としてコーピン
グを引き出したり，リソースとしてどのように役立っているのかを明確に
します。

SFAと問題志向のEMDRの併用について

　EMDRは前提としている適応的情報理論モデル「苦痛を伴う体験やこれ

までの経験と相容れない人生経験を処理したり，解決に導くメカニズムが，人間には生まれながらに身体的に備わっている」（Shapiro, F.）が，SFA の前提「人間は解決の力と強さをもっており精一杯努力している」と共通しており，相性が良いアプローチです。クライエントのニーズに応える，効果的なことを探求するという観点からも違和感なく，20 年以上併用しています。

毎回ごとに解決像やスコアリング（数字）が変わることについて

どちらもクライエントの主観ですので，その時々で変わります。世界（人間とその状況）は常に変化しているので，解決像とスケール（物差し），スコアリングが変化するのは自然なことです。最新の情報に基づいて考えていくことが大切だと考えます。主観を尊重する，この考え方は社会構成主義に基づいています（McNamee & Gergen, 1992）。

SFA は介入の再現性に疑問があるのでは？

「SFA は会話が介入である」と述べたことで誤解を与えたかもしれません。SFA では，主たる技法（質問と提案）がマニュアル化されているので介入の再現性は高く，学習しやすいモデルです。もちろん，技法をユニークな存在であるクライエントに適切に用いるためには，ほかのアプローチと同様，訓練が必要です。

　文　　献

McNamee, S. & Gergen, K. J. (Eds.) (1992) Therapy as Social Construction. Sage Publication.（野口裕二・野村直樹訳（2014）ナラティヴ・セラピー─社会構成主義の実践．遠見書房.）

Miller, S. D., Duncan, B. L., & Hubble, M. A.(1997)Escape from Babel: Toward a Unifying Language for Psychotherapy Practice. Norton.（曽我昌祺監訳（2000）心理療法・その基礎なるもの─混迷から抜け出すための有効要因．金剛出版.）

Shapiro, F. (2013) Getting Past Your Past: Take Control of Your Life with Self-Help Techniques from EMDR Therapy. Rodale Books.（市井雅哉訳（2017）過去をきちんと過去にする─EMDR のテクニックでトラウマから自由になる方法．二瓶社.）

略歴一覧

事例発表者

下山晴彦（しもやま・はるひこ）：跡見学園女子大学心理学部教授。東京大学名誉教授。東京大学教育学研究科修了。博士（教育学），東京大学学生相談所，東京工業大学保健管理センター，東京大学大学院教育学研究科臨床心理学コースを経て，現職。跡見学園女子大学心理教育相談所長を併任。

林　直樹（はやし・なおき）：東京都北区の西ヶ原病院勤務。精神科医。東京大学医学部卒，東京大学附属病院分院神経科，都立松沢病院精神科，帝京大学医学部精神神経科学講座（附属病院メンタルヘルス科）を経て，2021年より，現在の病院にて精神科臨床に従事。

伊藤絵美（いとう・えみ）：洗足ストレスコーピング・サポートオフィス所長。臨床心理士。公認心理師。慶應義塾大学大学院社会学研究科博士課程修了。博士（社会学）。精神科クリニック，民間企業での心理職を経て，2004年より現職。専門は認知行動療法，スキーマ療法。

田中ひな子（たなか・ひなこ）：原宿カウンセリングセンター所長。公認心理師。臨床心理士。立教大学大学院社会学研究科博士課程前期修了。練馬区教育相談室，嗜癖問題臨床研究所附属（CIAP）原宿相談室，立教大学福祉研究所所員を経て，1995年から原宿カウンセリングセンター勤務。

コメントメンバー

岡野憲一郎（おかの・けんいちろう）：本郷の森診療所院長。精神科医，臨床心理士。東京大学医学部卒。米国精神科専門医，国際精神分析協会正会員。聖路加国際病院，国際医療福祉大学大学院教授，京都大学大学院教授を経て2022年4月より現職。

吉村由未（よしむら・ゆみ）：洗足ストレスコーピング・サポートオフィスシニアCBTセラピスト。公認心理師，臨床心理士。立教大学大学院文学研究科心理学専攻博士前期課程修了。他に，大学や精神科クリニック，子ども家庭支援センター等にて勤務。

津田容子（つだ・ようこ）：特定非営利活動法人ユースポート横濱理事，よこはま若者サポートステーション副施設長。臨床心理士，公認心理師，2級キャリアコンサルティング技能士。東京大学大学院教育学研究科臨床心理学コース修士課程を経て，現職。同大学院博士課程在学中。

■臨床心理 iNEXT

　「多くの皆様に，"こころのケア"に役立つ心理サービスを提供する」ことをビジョンとして掲げ，心理支援に役立つツールや，心理職向けの映像教材やコミュニティの提供などを行っています。

　本書の出版に伴い，臨床心理 iNEXT では本書のベースとなった事例検討会の動画記録を，実践心理職会員および大学院生会員が視聴できる映像教材として提供します（提供開始：2023 年 10 月予定）。閲覧の条件および手順は，以下の通りです。

【閲覧条件】

　臨床心理 iNEXT の有料会員（「大学院生会員」または「実践心理職会員（初級以上）」）に登録すること。

※「大学院生会員」「実践心理職初級会員」になるための詳細な条件や費用は，iNEXT のホームページ（下記 QR コード参照）よりご確認いただけます。

※有料会員登録をしていただくと，事例検討会の動画以外にも，400 本以上の心理学関連の映像教材を閲覧することが可能になります。

※守秘義務の観点から，大学の「学部生」の方は閲覧の対象外となっております。

【閲覧手順】

　右の QR コードから，「会員登録」に進み，有料会員（「大学院生会員」または「心理職初級会員」）に登録をします。登録後，マイページの「映像教材」から動画をご覧いただけるようになります。

※上記はすべて 2023 年 9 月時点の情報です。

https://cpnext.pro/

事例検討会で学ぶケース・フォーミュレーション
（じ れいけんとうかい）（まな）

新たな心理支援の発展に向けて

2023 年 9 月 15 日　第 1 刷

編　　者　下山晴彦
（しもやまはるひこ）

発 行 人　山内俊介

発 行 所　遠見書房

〒 181-0001 東京都三鷹市井の頭 2-28-16
TEL 0422-26-6711　FAX 050-3488-3894
tomi@tomishobo.com　http://tomishobo.com
遠見書房の書店　https://tomishobo.stores.jp

印刷・製本　太平印刷社・井上製本所

ISBN978-4-86616-178-5　C3011